Hähnchen

Latein für Jurastudierende

Latein für Jurastudierende

Ein Einstieg in das Juristenlatein

von

Dr. Susanne Hähnchen
Professorin an der Universität Potsdam

begründet und bis zur 5. Auflage fortgeführt von

Dr. Klaus Adomeit (†)

8. Auflage 2022

C.H.BECK

Das Werk ist bis zur 5. Auflage unter dem Titel „Latein für Jurastudenten" im Berliner Wissenschafts-Verlag erschienen.

Die Vorauflagen wurden ins Türkische (2009), Estnische (2005) und Polnische (2006) übersetzt.

www.beck.de

ISBN 978 3 406 78574 0

Wilhelmstraße 9, 80801 München
Druck: Druckerei C.H. Beck Nördlingen
(Adresse wie Verlag)

Satz: DTP-Vorlagen der Autoren
Umschlaggestaltung: Druckerei C.H. Beck Nördlingen

chbeck.de/nachhaltig

Gedruckt auf säurefreiem, alterungsbeständigem Papier
(hergestellt aus chlorfrei gebleichtem Zellstoff)

Vorwort zur 8. Auflage

Die 1. Auflage dieses Buchs erschien 1997 unter dem Pseudonym Civis Romanus (Römischer Bürger). Dahinter versteckte sich Dr. Klaus Adomeit, Professor für Rechtstheorie und Arbeitsrecht an der Freien Universität Berlin. Offenbar hatte er mit seinem Werk eine Marktlücke geschlossen, denn schnell folgten weitere Auflagen sowie Übersetzungen ins Türkische, Estnische und Polnische. Adomeits Name tauchte später in Klammern hinter dem Pseudonym auf, und als ich ab der 6. Auflage an dem Büchlein mitarbeiten durfte, war Civis Romanus nur noch für eine Begrüßungsrede verantwortlich, die jetzt durch dieses Vorwort ersetzt wird. Wir tauschten die während seiner Studienzeit bei Franz Wieacker entstandene Digestenexegese gegen den gemeinsam verfassten Beitrag zu „caveat emptor" aus (vgl. unter V.) und der Titel wurde etwas angepasst. Auch im Detail enthält jede Neuauflage hier nicht aufzuzählende Änderungen und Ergänzungen, wobei jedoch der Charakter als kleines Buch erhalten bleiben soll.

Es war mir immer ein Vergnügen, mit dem Menschen Klaus Adomeit zu diskutieren, zu arbeiten oder ihm einfach zuzuhören – obwohl oder vielleicht gerade weil wir in Vielem unterschiedlicher Meinung waren. Er hatte ein beeindruckendes Gespür für juristische und politische Schieflagen sowie die Fähigkeit, diese pointiert zu formulieren.

Am 4. Februar 2019 ist Klaus Adomeit im Alter von 84 Jahren gestorben. Er fehlt.

Potsdam, im Januar 2022 Susanne Hähnchen

Inhaltsverzeichnis

Abkürzungen

a.a.O. .... am angegebenen Ort
ABGB .... Allgemeines Bürgerliches Gesetzbuch (Österreich)
Abs. .... Absatz
AcP .... Archiv für die civilistische Praxis
ArbGG .... Arbeitsgerichtsgesetz
Aufl. .... Auflage
BGB .... Bürgerliches Gesetzbuch
Cc .... Code civil (Frankreich)
ders .... derselbe
d.h. .... das heißt
Dig. .... Digesten (Justinians)
EGBGB .... Einführungsgesetz zum BGB
EMRK .... Europäische Menschenrechtskonvention
ErbR .... Erbrecht
FamilienR .... Familienrecht
Fn. .... Fußnote
FS .... Festschrift
GG .... Grundgesetz
HGB .... Handelsgesetzbuch
HKK .... Historisch-kritischer Kommentar
Hrsg. .... Herausgeber
insb. .... insbesondere
Inst. .... Institutionen (Justinians)
i.e.S. .... im engeren Sinne
i.d.R. .... in der Regel
i.S.v. .... im Sinne von
i.w.S. .... im weiteren Sinne
JZ .... JuristenZeitung
KirchenR .... Kirchenrecht
ma. .... mittelalterlich bzw. im Mittelalter
MethodenL ...... Methodenlehre
mwN .... mit weiteren Nachweisen

NJW .... Neue Juristische Wochenschrift
OR .... Obligationenrecht, Teil des Zivilgesetzbuchs (Schweiz)
ÖR .... Öffentliches Recht
Pl. .... Plural
ProzessR .... Prozessrecht
RL .... Richtlinie
Rn. .... Randnummer
römR .... römisches Recht
s. .... siehe
S. .... Satz bzw. Seite
sog. .... sogenannte
StGB .... Strafgesetzbuch
StPO .... Strafprozessordnung
StR .... Strafrecht
StProzessR .... Strafprozessrecht
v. .... versus
VölkerR .... Völkerrecht
z.B. .... zum Beispiel
ZPO .... Zivilprozessordnung
ZProzessR .... Zivilprozessrecht
ZR .... Zivilrecht
ZRG RA .... Zeitschrift der Savigny-Stiftung für Rechtsgeschichte, Romanistische Abteilung
→ .... Verweis auf anderen Begriff, siehe dort
↔ .... Gegenteil von anderem Begriff, siehe dort

Literaturauswahl

Benke/Meissel, Juristenlatein. Lateinische Fachausdrücke und Redewendungen der Juristensprache, 4. Aufl. 2021

Bringmann, Klaus, Römische Geschichte. Von den Anfängen bis zur Spätantike, 11. Aufl. 2019 (kurzer Abriss)

Bürge, Alfons, Römisches Privatrecht. Rechtsdenken und gesellschaftliche Verankerung, 1999

Fögen, Marie Theres, Römische Rechtsgeschichten. Über Ursprung und Evolution des sozialen Systems, 2002

Hähnchen, Susanne, Rechtsgeschichte – Von der Römischen Antike bis zur Neuzeit, 6. Aufl. 2021

Heumann/Seckel, Handlexikon zu den Quellen des römischen Rechts, 1907 (mehrfach nachgedruckt)

Honsell/Fargnoli, Römisches Recht, 9. Aufl. 2021

Huchthausen, Liselot (Hrsg./Übers.), Römisches Recht in einem Band, 3. Aufl. 1991 (enthält Übersetzungen der Zwölftafeln, von Gaius, zweier Cicero-Reden und eine Auswahl aus den Digesten, mit ausführlichen Worterklärungen)

Kaser/Knütel/Lohsse, Römisches Privatrecht, 22. Aufl. 2021

Knütel/Kupisch/Lohsse/Rüfner, Corpus Iuris Civilis – Die Institutionen. Text und Übersetzung, 4. Aufl. 2013

Kunkel, Wolfgang, Die Römischen Juristen. Herkunft und soziale Stellung, 2. Aufl. 2001

Lieberwirth, Rolf, Latein im Recht, 5. Aufl. 2007

Liebs, Detlef, Lateinische Rechtsregeln und Rechtssprichwörter, 7. Aufl. 2007

Wesel, Uwe, Die Hausarbeit in der Digestenexegese – Eine Einführung für Studenten und Doktoranden, 3. Aufl. 1989

I. Einstieg in das Juristenlatein

1. ius, iustitia, iudicare, iudex

Am Anfang steht

ius = das Recht.

Lateinische Substantive kommen ohne Artikel aus. Aber das Geschlecht von ius ist dasselbe wie beim deutschen Recht: ein neutrum (neuter = weder männlich noch weiblich, keins von beidem). Der Plural beim neutrum geht auf -a aus. Also

iura = die Rechte.

Jetzt wissen wir also, was man im Jura-Studium lernt: die Rechte! Welche? Dies ist ein Relikt aus mittelalterlicher Zeit, als Kaiser und Papst um die Herrschaft kämpften und es zwei Rechtswelten gab: das weltliche und das kirchliche Recht. Heute müsste man eigentlich auch in Deutschland (wie in Österreich und der Schweiz) Jus-Studium sagen, aber Traditionen halten sich lange.
Aus ius lässt sich schon ein erster einfacher Satz bilden:

ius est. = Es ist rechtens.

Oder besser: So ist nun einmal die Rechtslage. Die Römer waren Realisten. Sie sagten

ius (civile) vigilantibus scriptum.

= das (Zivil-)Recht ist für wachsame (ausgeschlafene) Leute geschrieben (vigilare = wachen; scribere, scripsi, scriptum

= schreiben, schrieb, geschrieben). Civilis im neutrum civile, heißt bürgerlich, civis = der Bürger, civis romanus = der römische Bürger.
Ein schöner Satz des römischen Juristen *Celsus*, also fast 1900 Jahre alt und heute noch an oder in Gerichtsgebäuden zu finden, lautet:

ius est ars boni et aequi.

= Das Recht (oder besser die Rechtswissenschaft) ist die Kunst des Guten (von bonus, -a, -um = gut) und des Gerechten (von aequus, -a, -um = richtig, gleich, gerecht). Aequitas ist die Billigkeit oder die Gerechtigkeit im Einzelfall.

ius respicit aequitatem.

= Das Recht achtet auf Gerechtigkeit (respicere = zurückschauen, um sich sehen).
Das staatlich gesetzte Recht – im Gegensatz zu ungeschriebenem Gewohnheitsrecht oder auch zum Naturrecht – ist das

ius positivum

(von ponere, posui, positum = setzen, stellen, legen). Eingedeutscht spricht man von positivem Recht. Soweit öffentliches Recht (ius publicum), ist es zwingend = cogens.

ius publicum privatorum pactis mutari non potest.

= Das öffentliche Recht (ius publicum) kann nicht (= non potest) verändert werden (von mutare = verändern, s. Mutation; mutari ist dem Deutschen unbekannt, ein Infinitiv Passiv) durch Verträge (pactum = Vertrag, Abkommen, Plural: pacta) von Privatpersonen. Pactum steht nahe an pax = der Frieden, und pacificus = friedensstiftend sollte ein Vertrag schon sein. Verträge sind einzuhalten:

pacta sunt servanda,

wobei servare auch beobachten, hüten und bedienen bedeuten kann.

meum ius = mein Recht

Ein jeder hat das Bestreben, sein Recht zu erhalten und zu halten = ius suum obtinere. Antike Philosophie, überliefert u.a. bei *Ulpianus*, sah das Wesen der Gerechtigkeit (= iustitia) geradezu darin, dafür zu sorgen, dass ein jeder sein Recht erhält:

iustitia est constans et perpetua voluntas ius suum cuique tribuendi.

= Gerechtigkeit ist der stetige (constans) und immerwährende (perpetuus) Wille (voluntas), einem jeden sein Recht zuzuteilen. Kritische Geister werden bei hochtrabenden Worten immer unruhig, und so kann man ankreiden, dass dies eine Zirkeldefinition ist: Was das jeweilige Recht des Einzelnen (= ius suum) ist, bleibt völlig offen. Ganz abgesehen vom Zynismus der Nationalsozialisten, die „Jedem das Seine" (suum cuique) über den Eingang des Konzentrationslagers Buchenwald setzten.

Es gibt auch eine berühmte Gegendefinition:

fiat iustitia et pereat mundus!

= Gerechtigkeit geschehe, mag auch die Welt zugrunde gehen; eine Anmahnung, dass man es im Rechtlichen auch zu weit treiben kann. Eine Variante dazu:

summum ius summa iniuria!

= Höchstes (auf die Spitze getriebenes) Recht kann höchstes Unrecht sein –: worüber man lange nachdenken kann. Weniger tiefgründig, aber von eminent praktischer Bedeutung:

nihil iniquius venali iustitia.

= Nichts ist ungerechter (iniquus = das Gegenteil von aequus, hier im Komperativ) als eine käufliche Gerechtigkeit. Angesprochen wird hier die Gefahr der Korruption in der besonders schlimmen Form der Richterkorruption.

qui suo iure utitur, neminem laedit.

= Wer sein eigenes Recht (Ablativ!) ausübt, verletzt niemanden, handelt also rechtmäßig. Dies gehörte bei uns heute in die Lehre von den Rechtfertigungsgründen.
Man kann diesen juristischen Gedanken auch so ausdrücken :

quilibet rei suae legem dicere potest.

= Ein jeder kann bestimmen, was mit seiner Sache geschehen soll (wobei für die Römer auch Sklaven Sachen waren!).
Logisch gilt auch

executio iuris non habet iniuriam.

= Die Vollstreckung des Rechts hat in sich kein Unrecht.

Der Genitiv von ius ist iuris. Der

doctor iuris

ist ein begehrter Titel. Doctor kommt von docere = lehren, doctus = gelehrt, doctor ist eigentlich bereits der Lehrende.

error iuris nocet.

= Ein Irrtum über das Recht schadet, hindert nicht die Verurteilung, im Gegensatz zum Tatbestandsirrtum, error facti

(→ ignorantia facti, non iuris excusat.). Von diesem harten Erfordernis, das Recht vollständig zu kennen, sind die Strafrechtler seit langem abgekommen, vgl. § 17 StGB zum Verbotsirrtum. Dagegen: Das Gericht kennt das Recht, besser: die Rechte kennt das Gericht:

iura novit curia.

Es sind also Rechtsbelehrungen von Parteien und Anwälten entbehrlich, so auch die deutsche ZPO, aber keineswegs alle heutigen Rechtsordnungen. Vielmehr heißt es für die vor Gericht Auftretenden:

da mihi facta, dabo tibi ius!

= Schildere mir die Tatsachen, ich werde dir das Recht geben.

nemo plus iuris transferre potest, quam ipse habet.

= Niemand kann (potest) mehr Recht übertragen, als er selbst hat. Dieser schon fast mathematisch zwingend erscheinende Satz hat das römische Recht beherrscht, das Recht des BGB hat sich aber davon emanzipiert. Der Nicht-Eigentümer einer Sache kann sehr wohl das Eigentum daran einem anderen übertragen (transferre), sofern dieser als Erwerber gutgläubig ist und die Sache nicht gestohlen wurde oder sonst abhandengekommen war, §§ 932, 935 BGB. Bei Geld stört noch nicht einmal das Abhandenkommen. Das positive Recht – hier einmal von der deutsch-rechtlichen Entwicklung beeinflusst – kann also anders werten, den Schutz des Rechtsverkehrs dem des ursprünglichen Eigentümers vorziehen.

Bei der Abtretung von Forderungen gilt heute noch der römisch-rechtliche Grundsatz, es gibt – fast! – keinen Gutglaubensschutz, §§ 404 ff. BGB.

Einig sind sich römisches und deutsches Recht über folgenden Grundsatz:

cedi ius personale alii non potest.

= Ein höchstpersönliches Recht kann nicht übertragen werden. Vgl. §§ 399, 613, 717 BGB.

Vom Genitiv iuris gibt es wichtige Ableitungen.

iuris-prudentia

= die Rechtswissenschaft.

prudens = klug, umsichtig, verständig; mit praktischem Blick, mit Sachkunde – hoffentlich! Auch hier ist wieder *Ulpian* mit einer schönen Definition zu zitieren:

iuris prudentia est divinarum atque humanarum rerum notitia, iusti atque iniusti scientia.

= Rechtswissenschaft ist die Kenntnis (notitia) der göttlichen (von divinus) und menschlichen (von humanus) Dinge (res = Sache, Ding), die Wissenschaft (scientia; scire = wissen) vom Rechten und Unrechten.

Eine weitere wichtige Ableitung:

iurisdictio

= Rechtsprechung (von dico, dixi, dictum = spreche, sprach, gesprochen). Das Verb heißt iudicare, also kann man statt iurisdictio auch iudicatio sagen. Dagegen ist iurare = schwören, iuro = ich schwöre. Das dunkle Wort coniuratio hingegen bezeichnet die Verschwörung. Zu Zeiten *Ciceros* (106 bis 43 v. Chr.) hatte es eine Verschwörung des ehrgeizigen und politisch gescheiterten *Catilina* gegeben, darüber der Bericht des Sallust: „de coniuratione Catilinae".

minor iurare non potest.

= Ein Minderjähriger kann nicht schwören, das sagen auch unsere heutigen Prozessordnungen.

Wer spricht Recht? Es ist der iudex, im Genitiv iudicis.

iudex non calculat!

= der Richter rechnet nicht, will bedeuten, er wertet die Argumente, aber er zählt sie nicht. Daran – und weil Rechtsanwendung mehr als bloße Logik ist – scheitert letztlich der Einsatz von Computern bei der Urteilsfindung. Falsch ist die Verwendung des Satzes als verbreitete Entschuldigung von Juristen für mangelnde mathematische Fähigkeiten. Für die römischen Quellen findet sich nur der error computationis (Rechenfehler) bei Macer Dig. 49, 8, 1, 1. Darauf wird die o.g. Regel zu Unrecht zurückgeführt, da sie sich erst viel später entwickelte bzw. nachweisbar ist.

iudex damnatur cum nocens absolvitur.

= der Richter wird verurteilt, wenn der (schuldige) Täter freigesprochen wird. Der Straftatbestand „Rechtsbeugung" (§ 339 StGB) ist bis heute mehr theoretisch. Aber auch:

absolvitus sententia iudicis praesumitur innocens.

= Wer durch Spruch des Richters freigesprochen ist, gilt als unschuldig.

boni iudicis est ampliare iurisdictionem.

= Eines guten Richters (Aufgabe) ist es, die Rechtsprechung weit zu fassen, auszudehnen. In diesem spätrömischen Satz kann man eine Vorwegnahme unseres Verständnisses der Aufgabe des Richters sehen, etwa des modernen Richters in der Arbeitsgerichtsbarkeit zur Rechtsfortbildung (§ 45 Abs. 4 ArbGG).

Umgekehrt aber hieß es:

non sunt iudicandae leges.

= Nicht ist zu urteilen über die Gesetze (= leges, Plural von lex, darüber später mehr). Die Gesetze soll der Richter in Ruhe lassen. Dieses Verständnis der richterlichen Aufgabe wurde im Zeitalter der Verfassungsgerichtsbarkeit fallen gelassen. Dafür muss der Richter seit jeher für eine innere Stabilität seiner Rechtsprechung Sorge tragen.

iudex non facile recedere debet.

= Der Richter darf nicht leichthin abweichen.

Im angelsächsischen Rechtskreis wird ihm mahnend

stare decisis!

(= Am schon Entschiedenen festhalten!) zugerufen.

boni iudicis est lites dirimere.

= Eines guten Richters (Aufgabe) ist es, Streitfälle (lis = Zank, Streit) zu schlichten, die Streithähne friedlich zu trennen. Richter in der Arbeitsgerichtsbarkeit kommen mit ihrem Beruf nicht zurecht, wenn sie nicht 90 % der Prozesse friedlich lösen.

de fide et officio iudicis non recipitur quaestio.

= Über die Vertrauenswürdigkeit (fides) und Pflichterfüllung (officium) des Richters wird eine Anzweiflung nicht akzeptiert. Der Richter ist über jede Kritik erhaben, ist auch einer Haftung kaum unterworfen, vgl. § 839 Abs. 2 BGB.
Aber eine Ablehnung des Richters wegen Befangenheit gibt es schon!

facilius iudex quam testis rejicitur.

= Leichter wird ein Richter als ein Zeuge abgelehnt: Zeugen sind unersetzlich, Richter nicht. Zugleich ein starker Hinweis darauf, wie wichtig das Vertrauen in die Unparteilichkeit des Richters ist. Über die (zeitliche) Begrenzung seiner Macht:

lata sententia, iudex desinit esse iudex.

= Ist das Urteil gefällt (fero, tuli, latum = tragen, gewinnen, erzeugen), dann hört der Richter auf, Richter zu sein. Was er etwa an Kommentaren zum gefällten Urteil von sich gibt, hat keinerlei Rechtskraft (das war bei uns ein Problem zum Kruzifix-Urteil des Bundesverfassungsgerichts, NJW 1995, 2477).

ne ultra petita!

= Nicht mehr als gefordert ist eine wichtige Regel vor allem im Zivilprozess (§ 308 Abs. 1 ZPO). Genauer

ne eat iudex ultra petita partium!

= Es gehe nicht der Richter hinaus über das Geforderte (petere = fordern) der Parteien. Die gestellten Anträge sind also die oberste Grenze für das, was durch Urteil zuerkannt werden darf. Nicht einmal Zinsen darf der Richter ohne Antrag zusprechen. Nur über die Prozesskosten entscheidet er von Amts wegen. Bei unserem Schmerzensgeld ist diese Grenze aber inzwischen undeutlich geworden. In den USA gab es schon länger punitive damages in Zivilprozessen, jetzt auch bei uns als Sanktion gegen Diskriminierung.

nemo iudex in sua causa.

= Niemand (sei) Richter in eigener Sache. Hier wird das Grundprinzip der Unparteilichkeit angesprochen, ein frühes Erkennen der Inkompatibilität, vgl. im Verbandsrecht: § 34 BGB. Leider ist in der Weltorganisation der UNO dies nicht

anerkannt, im Sicherheitsrat hat auch *der* Staat ein Stimmrecht, über dessen Aggression zu entscheiden ist.
Eine ähnliche Ausformung:

nemo simul actor et iudex.

= Niemand ist zugleich (kann nicht sein) Kläger und Richter. Actor kommt von agere, egi, actum = handeln, hier: vor Gericht gehen. In der Nähe steht:

nullo actore nullus iudex.

= Wo kein Kläger, da kein Richter. Aber auch:

non omnis vox iudicis continet auctoritatem.

= Nicht jedes Wort (genauer: jede Stimme) des Richters enthält Autorität. Es wird angesprochen das Problem des

obiter dictum,

des nebenher Gesagten, d.h. einer Rechtsansicht des Gerichts, die bei sich ergebender Gelegenheit geäußert wird, ohne zur Rechtsfindung im konkreten Fall beizutragen oder Bindung zu erzeugen. Auch das angelsächsische Prinzip der Bindung anderer Gerichte an Präzedenzentscheidungen (stare decisis) gilt nur für die tragenden Urteilsgründe.

non sufficit iudex sciat, sed ordine iurisdictione scire oportet.

= Nicht genügt es, dass der Richter (etwas) weiß, sondern nach der Ordnung (= ordo) des Prozesses (was ihm) zu wissen zukommt. Was verwertet werden darf, richtet sich nach ZPO und StPO, muss Gegenstand der Verhandlung gewesen sein. Sein privates Wissen darf ein Richter nicht verwerten.

pro iudice iura praesumunt.

= Für den Richter spricht das Recht, genauer: die Rechte (sumo = ich nehme hin, vgl. Konsum; praesumo = ich setze voraus, vermute). Es ist also das Prinzip der Rechtskraft, was hier angesprochen wird. Siehe auch:

contra rem iudicatam non audietur.

= Gegen eine (gerichtlich) entschiedene Sache wird niemand gehört. Oder auch:

interest rei publicae, ut sint fines litium.

= Ein Interesse des Staates ist, dass ein Ende von Streitigkeiten sei,

… res iudicatas non rescindi,

= dass die entschiedenen Fälle nicht wieder aufgehoben werden. Aber:

quod iudex non adiudicat, abiudicat.

= Was der Richter nicht zuspricht, das spricht er ab. „Im Übrigen wird die Klage abgewiesen." lautet die entsprechende Urteilsformel.

Die

reformatio in peius

ist eine Veränderung zum Schlechteren. peius (neutrum, sonst peior) ist eine Steigerung von malus (-a, -um) = schlecht, letzte Steigerung: pessimus. Also:

reformatio in peius iudici appellato non licet.

= Eine Veränderung zum Schlechteren ist dem angerufenen Richter nicht erlaubt, er darf also nicht dem Verurteilten, der Berufung eingelegt hatte, eine noch höhere Strafe aufbrummen, er ist vielmehr an die Anträge gebunden – es sei denn, die Staatsanwaltschaft hat ebenfalls Berufung eingelegt, vgl. §§ 331, 358 Abs. 2 StPO, 528, 557 ZPO.

Ein Heiligtum des Prozesses, die Rechtskraft, wird wie folgt angesprochen:

res iudicata ius facit inter partes.

= die Entscheidung in der Sache ist wie Recht zwischen den Prozessparteien. Oder sogar :

res iudicata pro veritate accipitur.

= Die Entscheidung in der Sache wird für Wahrheit (veritas) genommen, anerkannt.

2. lex und Verwandtes

Lex (fem.) bedeutet Gesetz, geschriebenes Recht oder auch die einzelne Vorschrift. Legal ist daher, was dem Gesetz entspricht.

Der harten Linie römischer Juristen entspricht es zu sagen

dura lex, sed lex.

= Es ist ein hartes Gesetz, aber (immerhin) ein Gesetz.

Von englischen Juristen des Mittelalters sind schöne Bemerkungen überliefert, einige sollen hier aus *Jacksons* „Latin for Lawyers“ zitiert werden.

lex est dictamen rationis.

= Gesetz ist ein Gebot der Vernunft.

lex est ratio summa, quae iubet quae sunt utilia et necessaria, et contraria prohibet.

= Gesetz ist hohe Vernunft, die gebietet, was nützlich und notwendig ist, und das Gegenteilige verbietet.

aequitas sequitur legem.

= Die Gerechtigkeit folgt dem Gesetz! So wird eine große Hoffnung ausgesprochen, auch

aequitas nunquam contravenit legi.

= Gerechtigkeit geht niemals gegen das Gesetz. Damit ist eine sehr wichtige und zugleich schwierige Frage angesprochen: Wie verhalten sich Gesetz, Recht und Gerechtigkeit zueinander? Nicht alles, was in Gesetzen steht, ist auch Recht. Wir wissen, nach dem 20. Jahrhundert, nach Nazi-Unrecht und DDR-Zeit, mehr über diese Problematik. Denn:

auctoritas, non veritas, facit legem.

= Der Machthaber und Gesetzgeber, er schafft das Gesetz, nicht die Philosophie (die Wahrheit = veritas). Dieser alle Illusionen auflösende Satz stammt nicht von den Römern, sondern vom englischen Philosophen *Thomas Hobbes* (sein großes Buch Leviathan, 1651) und erinnert uns daran, dass man sich Gesetze noch so schön ausdenken kann, entscheidend ist aber die Kompetenz, sie in Kraft zu setzen. Hoffentlich stimmt der folgende Satz:

constat ad salutem civium inventas esse leges.

= Es stimmt, zum Wohl der Bürger werden Gesetze geschaffen. Die Richter brauchen Gesetze, um Recht zu sprechen.

erubescimus, cum sine lege loquimur.

= Wir Richter erröten, wenn wir ohne Gesetz sprechen. Soviel Rot kann es kaum noch geben, heute.

Aber eine wichtige Voraussetzung, heute schwerer als jemals zu erfüllen:

leges ab omnibus intellegi debent!

= Die Gesetze müssen von allen verstanden werden oder doch verstanden werden können. Dazu stellte der römische Philosoph *Seneca* die ewig richtige Forderung an den Gesetzgeber:

leges breves esse oportet (quo facilius teneantur).

= Gesetzen geziemt es, kurz zu sein (damit sie leichter verstanden werden). Davon haben wir uns unheilvoll weit entfernt.

Über den Sinn der Gesetze ein schöner Satz von *Cicero*, dem leidenschaftlichen Republikaner:

legum denique idcirco omnes servi sumus, ut liberi esse possimus.

= Schließlich werden wir alle vom Gesetz beherrscht, sind dessen Sklaven (!), damit wir wirklich frei sein können.

Der Bürger möchte sich gern auf das Gesetz verlassen.

fortior est custodia legis quam hominis.

Stärker ist der Schutz des Gesetzes, als der des Menschen (= homo, -inis). Erst die Idee der Menschenrechte hat dies voll zur Entfaltung gebracht.

Der Schutzgedanke wird auch wie folgt ausgedrückt:

inde datae leges, ne firmior omnia posset.

= Dafür werden Gesetze geschaffen, damit der Stärkere nicht alles (machen) kann. Die Entstehung des Arbeits- und Mietrechts sowie des Verbraucherschutzes lässt sich so erklären.

Aber, und zu Recht:

frustra legis auxilium quaerit, qui in legem committit.

= Vergeblich erfragt und sucht des Gesetzes Schutz, wer gegen das Gesetz verstößt.

melius agitur cum lege quam cum homine.

= Besser ist zu streiten mit dem Gesetz als mit einem Menschen.

Für die Geltung der Gesetze gibt es aber eine Grenze!

necessitas non habet legem.

Ein alter Satz: Not kennt kein Gebot! Wörtlich: Die Notwendigkeit hat kein Gesetz! Anders formuliert:

quod non licet in lege, necessitas facit licitum.

= Was nicht erlaubt ist im Gesetz, die Notwendigkeit erlaubt (es).

Grundlegend wichtig für das Strafrecht:

nulla poena sine lege!

= Keine Strafe ohne Gesetz! Erweitert durch nullum crimen sine lege (scriptum) = Kein Verbrechen ohne (geschriebenes) Gesetz.

Ganz im Gegensatz zu diesem rechtsstaatlichen Gedanken steht

princeps legibus solutus (rex facit legem).

= Der Fürst (Herrscher, Staatschef) ist von den Gesetzen (Ablativ!) losgelöst, befreit; der König schafft (sich sein) Gesetz. Und dies ist eine Einstellung, die noch zu unserer Zeit vertreten wurde und vertreten wird, etwa in den Auslassungen der letzten DDR-Verantwortlichen vor den Strafrichtern.

Eine Steigerung für autoritäres Denken – also ganz entgegen dem Denken der römischen Republik! – ist sogar noch:

quod principi placuit, legis habet vigorem.

= Was dem Herrscher gefällt, das hat Gesetzeskraft = Recht ist, was dem Führer bzw. dem Zentralkommitee der SED gefällt. Aus den Zeiten totalitärer Herrschaft fielen den später tätigen Staatsanwälten und Richtern schier unlösbare Aufgaben zu. Vielleicht fanden die nach Strafparagraphen suchenden Richter eine Bestätigung in

propter immanitatem criminis legem transgredi licet.

= Wegen der Ungeheuerlichkeit des Verbrechens ist es erlaubt, über das Gesetz (das es im Falle des DDR-Unrechts an der innerdeutschen Mauer gab!) hinauszugehen. Fragt sich nur, wie das mit Art. 103 Abs. 2 GG, dem Verbot der Rückwirkung von Strafgesetzen, zu vereinbaren ist. Vgl. dazu BVerfGE 95, 96 = NJW 1997, 929, wo man sich auf die berühmte Radbruch'sche Formel berief – ob *Gustav Radbruch* allerdings in SJZ 1946, 105 (107) das so meinte?

salus publica suprema lex.

= Das öffentliche Wohl ist das oberste Gesetz, ein schöner republikanischer Wahlspruch. Und dazu gehört ebenso

vis legibus inimica.

= Die Gewalt ist der Gesetze Feind. Vielmehr:

hominum causa omne ius constitutum est.

= Um der Menschen willen ist alles Recht geschaffen, jedenfalls nach der anthropozentrischen Konzeption, in der die Natur, die Umwelt und die Tiere – anders als in einer ökozentrischen Rechtsordnung – keine eigenen Rechte haben. Und:

misera est servitus, ubi ius est vagum aut incertum.

= Übel ist ein Knechtschaft ähnlicher Zustand, wo das Recht schwankend und ungewiss ist.

Zum Ende vom Stichwort lex noch einige – bis heute wichtige! – Kollisionsregeln. Wenn verschiedene, sich widersprechende Gesetze auftreten, muss der Jurist entscheiden können: Was gilt? Bedeutsam ist das Verb derogare, eigentlich zurückfordern, in unserem Sinne aufheben; auf derogare folgt der Dativ.

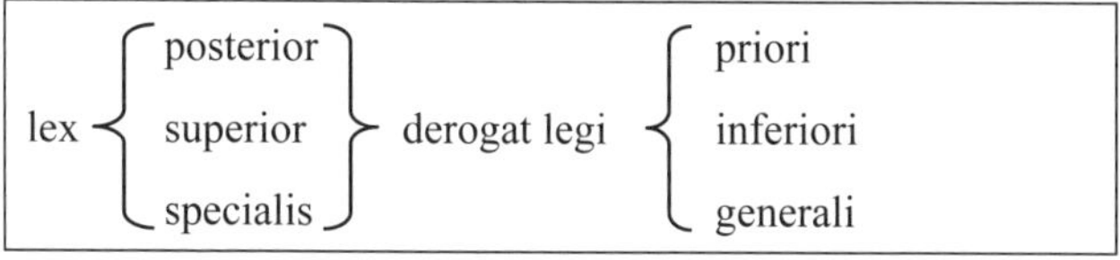

= Das spätere (lex posterior)/höhere (lex superior)/spezielle (lex specialis) Gesetz hebt das frühere (lex prior)/rangniedrigere (lex inferior)/generelle (lex generalis) Gesetz auf. So bestimmte schon *Modestinus*, Dig. 1, 4, 4:

posteriores leges plus valent quam quae ante eas fuerunt.

= Spätere Gesetze gelten stärker als die früheren. Schwer wird die Entscheidung, wenn es Binnenkollisionen zwischen den Kollisionsregeln gibt (lex posterior generalis non derogat priori speciali?) oder wenn zusätzliche Kollisionsregeln Geltung beanspruchen wie im Arbeitsrecht das *Günstigkeitsprinzip*.

3. agere, actio, actor, actus

agere = handeln, tun

Juristisch hat agere eine spezifische Bedeutung: klagen. actor = der Kläger. Der Beklagte oder Angeklagte = reus, für den der berühmte Satz gilt:

in dubio pro reo

= Im Zweifel für den Angeklagten (Beklagten).

Wo kein Kläger ist, da ist auch kein Richter:

nemo iudex sine actore; nullo actore nullus iudex.

Niemand kann zugleich Kläger und Richter sein:

nemo simul actor et iudex.

Eine Klage muss vor dem zuständigen Gericht erhoben werden. Regel (von der es Ausnahmen gibt):

actor sequitur forum rei.

= Der Kläger folgt dem Gericht(-sort) des Beklagten, hat ihn also an dessen Wohnort zu verklagen, § 13 ZPO.

Grundsätzlich gilt:

actori incumbit onus probandi.

= Dem Kläger fällt die Beweislast zu. Wir sagen heute genauer, jeder Partei obliegt die Beweislast für die Voraussetzungen der Norm, die für sie streitet. Also gilt: Wenn der Kläger nicht (die klageerheblichen Tatsachen) bewiesen (beweisen = probare) hat, wird der Beklagte freigesprochen:

actore non probante reus absolvitur.

Oder:

cum sunt partium iura obscura, reo favendum est potius quam actori.

= Wenn die Rechte der Parteien dunkel sind, ist eher dem Beklagten als dem Kläger zuzustimmen.

Wenn der Beklagte eine Einwendung (= exceptio) erhebt, dann wird er als Kläger behandelt, trägt also die entsprechende Beweislast:

reus excipiendo fit actor.

Die Klage = actio. Dieser Begriff hatte im römischen Zivilrecht große Bedeutung. Wir heute denken vom materiellen Recht, vom z.B. im BGB geregelten Anspruch her. Damals war nicht, wie bei uns, jede auf das materielle Recht gestützte Klage zugelassen, sondern nur, wenn sie einer der vom Praetor, dem obersten Gerichtsherrn, anerkannten Klageformeln entsprach, z.B. die

actio empti

= die Klage des Käufers (= emptor) gegen den Verkäufer (= venditor) auf Lieferung. Heute ist der entsprechende Anspruch in § 433 Abs. 1 S. 1 BGB geregelt.

Oder die

actio negatoria

= Klage des Eigentümers auf Unterlassung oder Beseitigung von Besitzstörungen, so wird noch heute der Anspruch aus § 1004 BGB bezeichnet.

In der späteren Entwicklung hat sich also actio von der nur prozessualen Bedeutung gelöst und darf dann mit Anspruch im materiell-rechtlichen Verständnis übersetzt werden. Ursprünglich aber galt:

agens sine actione a limine iudicii repellitur.

= Wer klagt ohne actio wird von der Schwelle des Gerichts (hier: iudicium) verwiesen, seine Klage ist unzulässig.

Eine zulässige Klage bietet dagegen günstige Aussichten, darf jedenfalls rechtlich nicht zum Nachteil wirken:

agendo nemo causam suam facit deteriorem.

= Wer klagt, macht seine Sache (Rechtsstellung) nicht schlechter. Eine erhobene Klage verhindert die Verjährung des Anspruchs. Ist die Klage nicht möglich, läuft die Verjahrungsfrist nicht (§§ 203 ff. BGB):

agere non valenti non currit praescriptio.

= Dem Klagen-nicht-Könnenden läuft die Verjährung nicht.

Dagegen kann das Versäumnis der Klageerhebung die an sich stärkere Stellung des Eigentümers gegenüber dem Besitzer – dessen Herausgabeanspruch gemäß § 985 BGB heute noch immer nach der römischen Klage rei vindicatio genannt wird – auflösen:

longa possessio parit ius possidenti et tollit actionem vero domino.

= Langer Besitz schafft dem Besitzenden ein Recht und nimmt dem Eigentümer das Klagerecht.

Zweimal in derselben Rechtssache gibt es keine Klage:

bis in eadem re ne sit actio.

Auch aus einem verbotenen Geschäft gibt es keine Klage:

ex pacto illicito non oritur actio.

Auch nicht aus einer Sittenwidrigkeit:

ex turpi causa.

Die Unwirksamkeit von Rechtsgeschäften, welche gegen ein gesetzliches Verbot oder die guten Sitten verstoßen (§§ 134, 138 BGB), fußt also auf alten Fundamenten.

Die Entwicklung der actio zum Anspruch belegt eine kluge Stelle des Juristen *Paulus* (Dig. 50, 17, 15):

Is, qui actionem habet ad rem reciperandam, ipsam rem habere videtur.

= Wer den Anspruch hat, eine Sache wiederzuerlangen, wird so angesehen, als habe er die Sache selbst. Juristisch folgen daraus Möglichkeiten, die Übergabe der Sache durch Abtretung des Herausgabeanspruchs zu ersetzen, vgl. § 931 BGB. Auch die Vollstreckung ist, statt in die Sache, in den Anspruch auf die Sache möglich. Also schon anspruchsvolle Rechtswissenschaft!

Entwickelt war bereits auch, dass eine dingliche Sicherung das Erlöschen des schuldrechtlichen Anspruchs überdauern kann:

vincula pignoris durant personali actione submota.

= Die Fesseln des Pfandes überdauern das Aufgehobensein des persönlichen Anspruchs („dingliche Haftung“).

Das juristische agere war zuerst ein Handeln vor Gericht, besonders deutlich im Zwölf-Tafel-Gesetz (450 v. Chr.), später emanzipiert es sich zum freischwebenden Rechtsgeschäft. Am

Anfang stand das Prozessrecht, materielles Recht war eine Abstraktion, kam lange danach. In dem mittelalterlichen Satz

actus judicialis potentior est extrajudiciali

(= Eine Rechtshandlung vor Gericht ist stärker als eine außergerichtliche.) erfährt man noch von dieser Vorzugsstellung.

Über den Begriff actio kommt man wie gesagt in unsere Lehre vom Rechtsgeschäft.

non servata forma corruit actus.

= Ist die Form nicht eingehalten, verendet das Rechtsgeschäft, vgl. § 125 BGB.

actus simulatus nullus est.

= Das Scheingeschäft ist nichtig, vgl. § 117 BGB.

actus contrarius

ist der gegenteilige Rechtsakt, der Aufhebungsvertrag.

Im Recht der Stellvertretung hingegen war das römische Recht nicht weit gediehen und bis heute ist im romanischen Rechtskreis eine klare Unterscheidung von Innen- und Außenverhältnis nur mit Mühe feststellbar. Es war nur eine Annäherung zu sagen

actus me invito non est meus actus.

= Ein Rechtsgeschäft, ohne meinen Willen getätigt, ist nicht mein Rechtsgeschäft, nicht mir zuzurechnen.

actio kann auch schlicht Handlung bedeuten, so bei der

actio libera in causa,

also der Handlung, die wenigstens im Ursprung frei war, vgl. dazu das Trunkenheitsdelikt, § 323a StGB.

agendum est!

ist das Programm für die Aufgaben des Tages.

II. Aus römischer Grammatik

Regeln zu ius, lex, causa			
Singular			
Nominativ	ius	lex	causa
Genitiv	iuris	legis	causae
Dativ	iuri	legi	causae
Akkusativ	ius	legem	causam
Ablativ	iure	lege	causa
Plural			
Nominativ	iura	leges	causae
Genitiv	iurum	legum	causarum
Dativ	iuribus	legibus	causis
Akkusativ	iura	leges	causas
Ablativ	iuribus	legibus	causis

Regeln zu agere, egi, actum				
	Präsens	*Imperfekt*	*Perfekt*	*Futur*
ich	ago	agebam	egi	agam
du	agis	agebas	egisti	ages
er, sie, es	agit	agebat	egit	aget
wir	agimus	agebamus	egimus	agemus
ihr	agitis	agebatis	egistis	agetis
sie	agunt	agebant	egerunt	agent

Regeln zu esse = sein				
	Präsens	*Imperfekt*	*Perfekt*	*Futur*
ich	sum	eram	fui	ero
du	es	eras	fuisti	eris
er, sie, es	est	erat	fuit	erit
wir	sumus	eramus	fuimus	erimus
ihr	estis	eratis	fuistis	eritis
sie	sunt	erant	fuerunt	erunt

Regeln zu den Adjektiven		
longus, -a, -um = lang	longior, -ior, -ius = länger	longissimus, -a, -um (der, die, das) längste
brevis, -is, -e = kurz u.s.w.	brevior, -ior, ius	brevissimus, -a, -um
bonus = gut	melior, -ius	optimus, -a, -um
malus = schlecht	peior, -ius	pessimus
magnus = groß	maior, -ius	maximus
parvus = klein	minor, minus	minimus
multus = viel	plus	plurimus
exter = außen	exterior, -ius	extremus
superus = oben	superior, -ius	Supremus (oder: summus)
ulter = fern	ulterior, -ius	ultimus
prope = nah	propior, -ius	proximus

III. Kleines ABC römischer Fachbegriffe und Redewendungen

A

aberratio ictus	Abirren des Schlages StR: der Deliktserfolg tritt bei einer anderen Person oder bei einem anderen Objekt ein, als dies vom Täter geplant war
ab initio	von Beginn an → ab ovo
ab intestato	ohne Testament ZR: Eintritt der gesetzlichen Erbfolge, weil kein (wirksames) Testament vorhanden ist
ab ovo	vom Ei her von Beginn an, weit ausholend, → ab initio
absolutio	Freisprechung, Freispruch
abusus	Missbrauch
~ non tollit usum (sed confirmat substantiam)	Missbrauch hebt den (rechten) Gebrauch nicht auf (sondern er bestätigt das Wesen) Regel gegen die allgemeine Neigung (von Juristen und Politikern), etwas verbieten zu wollen, nur weil die Gefahr des Missbrauchs besteht.
accidentalia negotii	unwesentliche Bestandteile eines Rechtsgeschäfts Nebenbestimmungen, zusätzliche Vereinbarungen; ↔ essentialia negotii

accusatio .... Anklage, Klage

accessio .... Zuwachs, das Hinzukommen, Hinzufügen
vgl. §§ 946–948 BGB

acquisitio .... Erwerb

actio .... Handlung; Klage
von agere = handeln, i.e.S. rechtlich handeln; → I.3. Einstieg

~ illicita in causa .... Handlung, die (ihrem) Grunde nach unerlaubt ist
StR: Handelnder hat Notwehrsituation pflichtwidrig herbeigeführt und soll sich dadurch selbst strafbar gemacht haben; Notwehrprovokation; problematische, umstrittene Konstellation; in BGH NJW 2001, 1075 angewendet

~ libera in causa .... Handlung frei in (ihrer) Ursache
StR: Die den Erfolg verursachende Handlung erfolgte im Zustand der Schuldlosigkeit, wurde aber schuldhaft herbeigeführt, z.B. Betrinken. Bezeichnung für problematische Konstellation, keine „Rechtsfigur“ (würde als nachteilige Belastung gegen Art. 103 Abs. 2 GG verstoßen).

~ negatoria .... Verneinungsklage
ZR: Eigentumsfreiheitsklage, § 1004 BGB; Anwendung insb. bei nachbarschaftlichen Konflikten

~ quasi negatoria .... Klage wegen Beeinträchtigung von gesetzlich geschützten Rechtsgütern
ZR: richterrechtlich entwickelter Anspruch analog § 1004 BGB, wenn andere absolute Rechtsgüter als das Eigentum gestört werden

	Beispiel: Unterlassungsanspruch bei Verletzung des allgemeinen Persönlichkeitsrechts durch falsche Presseberichterstattung oder unbefugtes Eindringen in die Intimsphäre
actus contrarius	entgegengesetzter Rechtsakt Rechtsakt, der einen früheren aufhebt; heute insb. Rechtsprechung im Verwaltungsrecht *Beispiel: Erstattungsanspruch als Kehrseite des Leistungsanspruchs*
ad absurdum (ducere) ...	zum Sinnlosen (führen) bewährte Möglichkeit der Argumentation
ad acta	zu den Akten, weglegen!
ad hoc	zu diesem, diesen Fall betreffend
ad incertam personam	an eine unbestimmte Person (gerichtet) (Pl.: ad incertas personas) ZR: Rechtsgeschäftslehre; Angebot auf Abschluss eines Vertrages muss grundsätzlich Adressat(en) erkennen lassen (Aspekt der Bestimmtheit) – Ausnahme hier, weil dem Antragenden der Vertragspartner gleichgültig ist *Beispiele: Fahrkartenautomat, Selbstbedienungstankstelle*
ad rem	zur Sache, (Anspruch) auf eine Sache
ad turpia nemo obligatur	Zu Sittenwidrigem kann niemand verpflichtet werden.
adulterium	Ehebruch
advocatus	der (zu Hilfe) Herbeigerufene, Rechtsbeistand, Anwalt
advocatus diaboli	Vertreter des Teufels bringt die bösen (Gegen-)Argumente vor

aequus, -a, -um	gerecht, billig
aequitas	das Gerechte, Billige
affirmanti incumbit probatio, non neganti ...	Dem Behauptenden obliegt der Beweis, nicht dem Bestreitenden. ProzessR: Beweislastverteilung – bestimmt sich aus Vorschriften des materiellen Recht; Folge des Beibringungsgrundsatzes *Beispiel: Begehrt ein Verkäufer Kaufpreiszahlung, muss er die Tatsachen, die das Zustandekommen eines wirksamen Vertrages begründen, beweisen.*
alius (m.), alia (f.), aliud (n.)	ein anderer, eine andere, etwas anderes ZR: aliud-Lieferung steht im Kaufrecht einem Sachmangel gleich, § 434 Abs. 5 BGB
altera pars	der andere Teil, die Gegenpartei ProzessR → audiatur
alternativa obligatio	Wahlschuld vgl. §§ 262 ff. BGB
animus	Absicht, Wille
~ auctoris	Wille des Handelnden, Täterwille
~ socii	Teilnehmerwille StR: subjektive Theorie zur Abgrenzung zwischen Täterschaft und Teilnahme
~ domini	Wille des Eigentümers
~ donandi	Schenkungsabsicht
~ testandi	der Wille zu testieren
appellatio	Berufung

ProzessR: Rechtsmittel zur Überprüfung einer erstinstanzlichen Entscheidung

a posteriori .... vom Nachhinein (gesehen)

a priori .... von vornherein, d.h. das fraglos Vorauszusetzende
logisch unbestreitbar

arbiter .... Schiedsrichter

arbitrium .... Schiedsspruch

arbitrium iudicis .... richterliches Ermessen
relevant bei Anwendung des Gesetzes; Problem der Willkür

argumentum .... Beweismittel, Beweisgrund, Merkmal

~ a maiore ad minus .... Erst-recht-Schluss vom Stärkeren auf das Schwächere

Beispiel: Kann man ein Arbeitsverhältnis nach § 626 BGB aus wichtigem Grund fristlos kündigen, dann auch aus gleichem Grund fristgemäß. Die fristgemäße Kündigung ist milder und wenn schon die härtere fristlose erlaubt ist, dann erst recht die fristgemäße.

~ a minore ad maius .... Folgerung vom Schwächeren auf das Stärkere

Beispiel: § 622 BGB sieht bestimmte Kündigungsfristen für Arbeitsverhältnisse vor, die eingehalten werden müssen. Erst recht kann mit längeren Fristen gekündigt werden, da dies schwächer in die Interessen des Arbeitnehmers eingreift.

~ e contrario .... Folgerung auf das Gegenteil, Umkehrschluss
MethodenL: Aus einer planmäßigen Lücke wird gefolgert, dass der ungeregelte Sachverhalt nicht durch Analogieschluss mit Rechtsfolge einer

	vorhandenen Norm gelöst werden darf.
	Beispiel: § 1601 BGB begründet die Unterhaltspflicht für Verwandte in gerader Linie (Kinder, Eltern). Für Geschwister gibt es keine Norm. Diese Lücke ist planmäßig. Deshalb gibt es keine Unterhaltspflicht unter Geschwistern.
	Weiteres Beispiel: Gebrauchsanmaßung im StR, sofern kein Fahrzeug (hierfür: § 248b StGB). Es ist insb. auch das Analogieverbot zu beachten, § 1 StGB, Art. 103 Abs. 2 GG.
~ e silentio	Folgerung aus dem Schweigen
	in allgemeiner Argumentationslehre = (unseriöses) Weglassen von Informationen; in juristischer MethodenL hingegen andere Verwendung, nämlich bezogen auf das Schweigen des Gesetzes
	Beispiel: Fehlen einer (ausdrücklichen) Kostenvorschrift für Rechtsanwaltsgebühren führte zur Abweisung des Antrags auf Erstattung durch das Sozialgericht Gießen, Aktenzeichen S 29 AS 460/14, Rn. 26
ascendentes	Aszendenten
	FamilienR: Verwandte in aufsteigender Linie, d.h. Eltern, Großeltern u.s.w.; ↔ Abkömmlinge
assessor	Beisitzer
	ursprünglich i.S.v. beisitzender Richter, später: noch nicht Beamter
auctor	Urheber, Rechtsvorgänger, Gewährsmann
audiatur et altera pars! ...	Es möge auch gehört werden die andere Partei!

	ProzessR: Anspruch auf rechtliches Gehör, Art. 103 Abs. 1 GG
auxilium ante delictum; in delicto; post delictum	Beihilfe vor der Tat; während der Tat; nach der Tat StR: Beihilfe (§ 27 StGB) ist in verschiedenen Stadien der Tat möglich, nicht jedoch (strafrechtlich relevant) nach der Tat

B

beati possidentes	die glücklichen Besitzenden ZR: beim Streit um das Eigentum wird derjenige rechtlich bevorzugt, der den Besitz hat, gegenüber demjenigen, der ihn will, vgl. § 1006 BGB
bellum iustum/iniustum	der gerechte/der ungerechte Krieg VölkerR: Beurteilung, ob die Anwendung militärischer Gewalt erlaubt/geboten ist; → casus belli
bene docet, qui bene distinguit	Gut lehrt, wer richtig unterscheidet.
beneficium (iuris)	Wohltat, Vergünstigung, Schutz (des Rechts), ma. Lehen, Pfründe
~ competentiae	Rechtswohltat des Notbedarfs dem Schuldner wird belassen, was er für seinen notwendigen Unterhalt braucht; Rechtsgedanke, der sich heute noch im Schenkungsrecht in § 519 BGB findet (sog. Selbsterhaltungsgrundsatz) oder im Deliktsrecht in § 829 BGB (als Begrenzung der Billigkeitshaftung)
~ excussionis	(wörtlich) Wohltat des Herausschüttelns, Ausklagens

ZR: Einrede des subsidiär verpflichteten Schuldners (Bürge); er kann verlangen, dass der Gläubiger zuerst versuchen muss, die Forderung beim Hauptschuldner einzutreiben; § 771 BGB; im deutschen Recht nicht umgesetzt wurde die entsprechende Einrede hinsichtlich des Pfandes

~ iuris nemini est denegandum .... Der Schutz des Rechts darf niemandem verweigert werden.
ÖR: Grundrecht; Recht jedes Bürgers, vor unabhängigen Gerichten sein Recht geltend machen zu können, vgl. Art. 19 Abs. 4, 103 GG

~ inventarii .... Rechtswohltat des Inventars
ErbR: Verzeichnis der Erbschaftsgegenstände führt zu beschränkter Haftung des Erben, vgl. §§ 1993 ff. BGB

benigna interpretatio .... wohlwollende Auslegung
ErbR: Grundsatz bezogen auf letztwillige Verfügungen, vgl. § 2084 BGB

bigamia .... Doppelehe
ZR: aufhebbar gem. §§ 1313 Abs. 1, 1306 BGB
StR: vgl. § 172 StGB

bilateralis .... zweiseitig

bona .... die Güter, das Vermögen

bona fide .... in gutem Glauben ↔ mala fide
ZR: subjektives Unrechtsbewusstsein fehlt; vielfach Schutz des Gutgläubigen, vgl. §§ 892, 932 ff., 2366, 135 f. BGB, § 366 HGB; im römR weiter, eher mit Treu und Glauben (vgl. § 242 BGB) zu übersetzen

bona fides praesumitur — guter Glaube wird vermutet
ZR: ebenso in § 932 Abs. 1 BGB; Zusammenhang: Übereignung beweglicher Sachen, Vertrauensschutz

boni mores .... die guten Sitten
vom Recht grundsätzlich verschieden, aber rechtliche Relevanz möglich: §§ 138 Abs. 1, 242, 817, 826 BGB

bonorum communio .... Gütergemeinschaft
FamR: Teil des ehelichen Güterrechts, wird durch Ehevertrag begründet, vgl. §§ 1415 ff. BGB

bonum (commune, publicum) .... das Gute, das Gut, das Wohl (das Gemeinwohl, Staatswohl)

bonum et aequum .... das Gute und Gerechte

brevi manu (traditio) .... kurzerhand (Übergabe)
ZR: die für die Übereignung beweglicher Sachen grundsätzlich erforderliche Übergabe wird entbehrlich, wenn der Erwerber bereits Besitz hat, vgl. § 929 S. 2 BGB

C

caput .... Kopf, Haupt
StR: Kapitalverbrechen sind solche, die ursprünglich mit dem Tode bestraft wurden.

casum sentit dominus ... Den Zufall fühlt der Eigentümer.
ZR: Wenn es keine haftungsbegründende Norm gibt, trägt der Eigentümer den Schaden an seinem Gute.

casus .... (Rechts-)Fall, Zufall, Zwischenfall, Vorfall

~ belli	Kriegsgrund, Kriegsfall VölkerR: Vorfall bzw. Eintreten der Bedingungen, die als unmittelbarer Auslöser für einen Krieg → bellum (iustum) betrachtet werden.
~ foederis	Bündnisfall VölkerR: Verpflichtung eines Staates, aufgrund eines militärischen Beistandsvertrages in einen Krieg einzutreten, z.B. Art. 5 NATO-Vertrag.
causa (credendi/ donandi/solvendi)	(Rechts-)Grund (der Geldverleihung/ der Schenkung/der Erfüllung)
cautela	Sicherung, Vorsicht ZR: Klausel zur Absicherung bei Vertragsschluss
cautio	Sicherheitsleistung, Kaution
caveat emptor	Der Käufer sei wachsam. Im römR und alten deutschen Recht („Augen auf, Kauf ist Kauf") war die Gewährleistung für erkennbare Mängel ausgeschlossen; heute hingegen hat der Käufer keine Untersuchungspflicht; genauer → V.
certus, -a, -um	sicher, das (genau) Bestimmte
cessante ratione legis, cessat lex ipsa	Wenn der Grund des Gesetzes wegfällt, wird das Gesetz ungültig.
cessio (legis)	(gesetzliche) Abtretung, Zession
cessionarius utitur iure cedentis	Der Abtretungsempfänger gebraucht das Recht des Abtretenden. vgl. § 404 BGB
ceteris paribus	das Übrige gleichbleibend, unter sonst gleichen Umständen

cf. = confer	vergleiche!
circulus vitiosus	fehlerhafter Kreis logischer Zirkelschluss, Teufelskreis
civis	Bürger → ius civile
civitas sibi faciat civem!	Die Bürgerschaft möge selbst bestimmen, wer Bürger ist.
clausula rebus sic stantibus	Bestimmung (Vorbehalt) der gleichbleibenden Umstände ZR: typische Klausel in Verträgen; Änderung der Umstände führt zu Wegfall der Geschäftsgrundlage, gesetzlich in § 313 BGB geregelt
clausula salvatoria	rettende (erhaltende) Klausel
codex	(Gesetz-)Buch, Gesetzessammlung; daher kodifizieren = Gesetzbuch machen
cognatio	Blutsverwandtschaft
commodum	Nutzen, Vorteil
~ ex negotiatione	~ aus einem Geschäftsabschluss
commorientes	zusammen Gestorbene vgl. § 11 Verschollenheitsgesetz; Konsequenz im ErbR: keiner kann den anderen beerben
communis opinio	allgemeine Ansicht, allgemeine herrschende Meinung, Abkürzung heute: h.M.
compensatio	Aufrechnung
~ lucri cum damno	Aufrechnung des Vorteils mit dem Schaden ZR: Vorteilsanrechnung im Schadensrecht
conceptio	Empfängnis
concessio	Erlaubnis, Bewilligung, Konzession
conclusio	(logischer) Schluss, Konklusion

concursus creditorum ... Zusammenlauf der Gläubiger
bis 1999 hieß die Zahlungsunfähigkeit auch in Deutschland Konkurs; heute noch umgangssprachlich für Insolvenz

condemnatio .... Verurteilung

condicio .... Bedingung, Lage, Verhältnis, Verabredung
= klassisches Latein, erst im Mittelalter und vor allem im Juristenlatein hat sich → conditio eingebürgert

~ potestiva .... vom Willen (einer Vertragspartei) abhängige ~

~ sine qua non .... ~ ohne die nicht (der Erfolg) eingetreten wäre

~ suspensiva .... aufschiebende ~

~ resolutiva .... auflösende ~

condictio .... Kondiktion, von condicere = etwas verabreden, übereinkommen; juristisch: kündigen, aufkündigen, zurückfordern
Name einer Rückforderungsklage im römR mit verschiedenen Tatbeständen, die soweit sie noch heute relevant sind im Folgenden aufgeführt werden; daraus entwickelte sich das heutige Recht der Ungerechtfertigten Bereicherung, §§ 812 ff. BGB, das immer noch sog. Kondiktionenrecht

~ indebiti .... Herausgabe des nicht Geschuldeten
vgl. § 812 Abs. 1 S. 1 1. Fall BGB

~ ob causam finitam .... Herausgabe wegen fortgefallenen Rechtsgrundes
vgl. § 812 Abs. 1 S. 2 1. Fall BGB

~ ob rem; ~ ob causam datam; ~ causa data, causa non secuta	Herausgabe aufgrund des Geleisteten (Rechtsgrund gegeben, aber nicht eingetreten) vgl. § 812 Abs. 1 S. 2 2. Fall BGB
~ ob turpem vel iniustam causam	Herausgabe wegen Sittenwidrigkeit oder Gesetzesverstoßes vgl. § 817 S. 1 BGB
~ possessionis	Besitzkondiktion
~ sine causa	Herausgabe (des) ohne Grund (Geleisteten) vgl. § 812 Abs. 1 S. 1 BGB
conditio (iuris)	(Rechts-)Bedingung besser → condicio
condominium	Miteigentum
confessio	Geständnis
confirmatio	Bestätigung
confiscatio	Einziehung
coniuratio	Verschwörung
consensu omnium	durch Übereinstimmung aller; einstimmig
consensus	Willensübereinstimmung, Konsens
consensus facit nuptias	Die Willensübereinstimmung bringt die Ehe zustande.
consilium	Überlegung, Ratschlag, Rat (auch als Kollegium)
consortes	Mittäter
consortium	(Schicksals-)Gemeinschaft (consors = Ehegatte)
constitutum	Verabredung, Verfügung, Anerkenntnis
~ possessionis	Besitzkonstitut vgl. § 930 BGB

constitutio .... Verfassung (eines Gemeinwesens); Bestimmung, Verordnung, ursprünglich: Kaisererlass; Beschaffenheit, Zustand; Feststellung (des Streitobjekts)

consuetudo .... Gewohnheit(srecht)
Verbindlichkeit ungeschriebenen Rechts aufgrund allgemeiner Übereinkunft und langen Gebrauchs
Grundlage für die Geltung des römR in Deutschland bis 1900; heute noch z.B. in § 346 HGB erwähnt; besondere Bedeutung im VölkerR

consum(p)tio .... Verbrauch
ZR: führt zum Erlöschen, Untergang eines Rechts

consumptor .... Verbraucher
umstritten ist „consumator", vgl. *Adomeit*, JZ 2006, 557

contra bonos mores ...... gegen die guten Sitten, sittenwidrig

contractus .... Vertrag
von contrahere = zusammenziehen

contractus innominatus unbenannter Vertrag, Innominatkontrakt
im römR gab es noch keine Formfreiheit, aber die (spätklassisch) anerkannte Verpflichtung zur Erfüllung nach erfolgter Vorleistung; → datio ob rem; ↔ z.B. Kaufvertrag, der einen eigenen Namen (→ emptio venditio) hatte

contradictio .... Widerspruch
ProzessR: ein Verfahren oder Urteil ist kontradiktorisch, wenn die Parteien sich mit gegensätzlichen Anträgen streiten; ↔ Freiwillige Gerichtsbarkeit oder auch nicht-/unstreitiges Ver-

	fahren wegen Säumnis oder etwa im Strafprozess
contra legem	gegen das Gesetz
contra proferentem	gegen den Hervorbringenden Auslegungsregel: unklare Erklärungen oder Klauseln sind zu Lasten desjenigen auszulegen, der sie verfasst hat, d.h. er trägt das Risiko eines Missverständnisses mehrdeutiger Formulierungen, vgl. § 305c Abs. 2 BGB
contrarius actus	→ actus contrarius
conventio	Übereinkunft, Vertrag, Konvention; von convenire = (an einem Orte) zusammenkommen
coram publico	vor dem Volk, öffentlich
corpus	Körper, Sammlung
corpus delicti	Gegenstand des Verbrechens, Beweisgegenstand, auch → instrumentum sceleris
credere	glauben, vertrauen (in die Person eines Schuldners)
creditor	Gläubiger
creditum	Schuld, primär Darlehen
crimen	Verbrechen, Vergehen → nullum crimen
c.t.	→ cum tempore
cui bono?	Wem kommt es zugute? = derjenige, der am ehesten im Verdacht steht, ein Verbrechen begangen zu haben
culpa (lata/levis)	i.w.S. Schuld, i.e.S. Fahrlässigkeit (grobe/leichte)
~ in contrahendo	Verschulden beim Vertrag schließen ZR: begründet Schadensersatzanspruch; bis 2002 gesetzlich nicht geregelt, vgl. jetzt § 311 II BGB

~ in custodiendo .... Verschulden beim Beaufsichtigen
ZR: begründet Schadensersatzanspruch wegen Verletzung des Verwahrungsvertrages; bei unentgeltlicher Verwahrung nur Haftung für Sorgfalt wie in eigenen Angelegenheiten, vgl. § 690 BGB

~ in eligendo .... Auswahlverschulden
ZR: führt zur Haftung für die schädigenden Handlungen eines Gehilfen, z.B. beim Auftrag gemäß § 664 I 2 BGB; keine Zurechnung von fremdem Verschulden wie bei § 278 BGB, sondern Vorwurf des eigenen Verschuldens

cum grano salis .... mit einem Körnchen Salz
Redewendung, gemeint: nicht ganz wörtlich, mit Abstrichen ernst zu nehmen; Verwendung z.B. bei Argumentation, die übertreibt

cum laude .... mit Lob
Notenstufe, insb. bei Doktorarbeit

cum spe .... mit Hoffnung
nach Vertretung einen Lehrstuhl bzw. eine feste Professorenstelle zu bekommen; ↔ sine spe

cum tempore (c.t.) .... mit Zeit
15 Minuten später als die angegebene Zeit = akademisches Viertel; ↔ s. t.

cura .... Sorge, Fürsorge, Sorgfalt, Pflegschaft

curator (bonorum) .... Pfleger (Vermögens-, Insolvenzverwalter)

curriculum vitae (CV) . Laufbahn, Lebenslauf

custodia .... Aufsicht, Gewahrsam, auch strengerer Haftungsmaßstab → receptum
→ culpa in custodiendo

CV .... → curriculum vitae

D

da mihi factum, dabo tibi ius .... Gib mir die Tatsache, ich werde dir das Recht geben.
ProzessR: Arbeitsteilung beim Gericht zwischen Partei und Richter, d.h. Parteien müssen keine Rechtsansichten mitteilen; vgl. auch → iura novit curia

damnatio .... Verurteilung

damnum .... Schaden

~ emergens .... Vermögensschaden
im Gegensatz zum entgangenen Gewinn (→ lucrum cessans)

~ extra rem .... Neben-, Folgeschaden

datio ob rem .... das zu einem bestimmten Zweck Gegebene
ZR: wenn der bezweckte Erfolg nicht eintritt, dann kann das Gegebene mit der → condictio ob rem zurück gefordert werden

datio in solutum .... Leistung an Erfüllungs statt
ZR: Leistungspflicht erlischt grundsätzlich erst durch Bewirken der geschuldeten Leistung; ausnahmsweise erlischt die Leistungspflicht auch dann, wenn der Gläubiger eine andere als die geschuldete Leistung als Erfüllung annimmt, § 364 Abs. 1 BGB
Beispiel: Käufer eines Neuwagens gibt seinen alten Pkw unter Anrechnung auf den Kaufpreis in Zahlung.

de auditu .... vom Hörensagen
ProzessR: Zeuge vom Hörensagen ist jemand, der vor Gericht als Zeuge darüber aussagt, was jemand anderes ihm gegenüber geäußert hat.

debitor .... Schuldner (debere = schulden)

debitum proprium/
alienum .... eigene/fremde Schuld

de facto .... tatsächlich
↔ de iure

defensio .... Verteidigung

de iure .... rechtlich
↔ de facto

de lege ferenda .... nach erst zu erlassendem Gesetz
rechtspolitische (!) Bezeichnung für eine Rechtssituation, die aktuell (noch) nicht existiert, aber als wünschenswert für die Zukunft erscheint oder sogar bereits geplant ist

de lege lata .... nach (wörtlich) gelegtem, d.h. bereits erlassenem, Gesetz
juristische (!) Bezeichnung für die aktuell geltende Rechtssituation

delictum .... Schadenszufügung, unerlaubte Handlung, Vergehen, Verbrechen
Verwendung sowohl im ZR als auch im StR, welche ursprünglich nicht unterschieden wurden

delinquens .... Verbrecher

denuntiatio .... Ankündigung, Anzeige

depositum .... Verwahrung, Hinterlegung
römR: unentgeltliche Aufbewahrung einer Sache; der Vertrag kam durch Übergabe der Sache zustande (Realkontrakt)

	ZR: heute einseitig verpflichtender Vertrag nach §§ 688 ff. BGB
~ irregulare	Darlehen aus Hinterlegung vgl. § 700 BGB
derogatio	Aufhebung eines Rechts oder Gesetzes (durch ein späteres)
desuetudo	Entwöhnung, außer Gebrauch kommen ↔ consuetudo
detentio	Innehabung einer Sache (gemeinrechtlich) ZR: tatsächliche Macht über eine Sache, ohne diese Sache für sich haben zu wollen (Gewahrsam, Fremdbesitz)
dicta et promissa	zugesagte und versprochene (Eigenschaften einer Kaufsache) ZR: Eigenschaften einer Kaufsache können vereinbart werden, sodass bei Nichtvorliegen einer vereinbarten Eigenschaft ein Sachmangel nach § 434 BGB vorliegt; Eigenschaftszusicherung führt zu verschuldensunabhängiger Einstandspflicht für das Nichtvorliegen der Eigenschaft
dictum de omni et nullo	Gesagtes von allem und keinem, gemeint: unklarer Satz
dies	Tag, Termin
~ academicus	akademischer Tag (ohne Lehre)
~ ad quem	Endtermin
~ a quo	Anfangstermin
dies interpellat pro homine	Der Termin mahnt anstelle des Menschen (Gläubigers). D.h. es ist keine Mahnung erforderlich, vgl. § 286 Abs. 2 BGB
dignitas	Würde

dilatorium	Anweisung zum Aufschub ZR: dilatorische Einreden stehen einem Anspruch nur zeitweise entgegen
diligentia quam in suis (rebus adhibere solet) ...	Sorgfalt, die man in eigenen (Angelegenheiten einzuhalten pflegt) vgl. § 277 BGB; verringerter Sorgfaltsmaßstab im Verhältnis zu § 276 BGB
dissensus	Meinungsverschiedenheit ZR: wenn zwei auf Vertragsschluss gerichtete Willenserklärungen nicht übereinstimmen, kommt der Vertrag nicht zustande; ↔ consensus
docendo discimus.	Indem wir lehren, lernen wir.
doctorandus	wer an seiner Dissertation sitzt
doctor (utriusque) iuris	Doktor des Rechts (beider Rechte, des kirchlichen und des weltlichen)
dolo agit, qui petit, quod statim redditurus est.	Treuwidrig – also unzulässig – klagt, wer fordert, was sofort wieder zurückzugeben ist. ZR: unter § 242 BGB gefasste Einrede der Arglist *Beispiel: Der Eigentümer fordert eine Sache vom Anwartschaftsberechtigten heraus, der aber bald darauf Volleigentum erlangen wird und dem dann die Sache endgültig zusteht.*
dolus eventualis	Vorsatz mit Inkaufnehmen eines Erfolges ↔ dolus directus StrafR: insgesamt drei Grade von Vorsatz; dolus eventualis genügt in der Regel mangels anderer gesetzlicher Anforderung

dominus .... Herr, Eigentümer
donatio .... Schenkung
~ ad pias causas .... ~ zu frommen Zwecken
~ inter vivos .... ~ unter Lebenden
→ negotium inter vivos
~ mortis causa .... ~ auf den Todesfall
ZR: Rechtsgeschäft wird zwar zu Lebzeiten abgeschlossen, die den Leistungsempfänger unentgeltlich begünstigende Wirkung soll jedoch erst nach dem Tod des Zuwendenden eintreten, vgl. § 2301 BGB und → negotium mortis causa
dos .... Mitgift
do ut des .... Ich gebe, damit du (mir) gibst.
ZR: Prinzip des Austausches, des Synallagmas; Gegenseitigkeit des Austauschvertrages, vgl. § 320 BGB

Beispiel: Zahlungspflicht und Pflicht zur Übergabe und zur Übereignung beim Kaufvertrag, vgl. § 433 BGB

do ut facias .... Ich gebe, damit du (etwas Bestimmtes) tust.
römR → contractus innominatus mit Handlung als Gegenleistung
dura lex sed lex .... Ein hartes Gesetz, aber (immerhin!) ein Gesetz.
Auch starre und strenge Gesetze sind einzuhalten; es bleibt die Hoffnung auf (gesetzliche) Milderungen.

E

emancipatio .... Emanzipation, Freilassung
Entlassung aus der → patria potestas

emptio venditio	Kauf Verkauf, das Kaufgeschäft gehörte im römR zu den gegenseitigen Verträgen mit eigenem Namen (↔ Innominatkontrakt); wurde nach beiden Hauptleistungspflichten benannt, drückt das Gegenseitigkeitsverhältnis (Synallagma) aus; Konsensualvertrag, d.h. Zustandekommen durch reine Willensübereinstimmung, ohne besondere Form; vgl. noch heute im spanischen Recht „compra y venta"
emptio rei speratae	Kauf einer erhofften (noch nicht existierenden) Sache nicht zu verwechseln mit der → emptio spei *Beispiel: die nächste Ernte*
emptio spei	Hoffnungskauf Gegenstand des Kaufvertrags ist eine Gewinnaussicht; Gewährleistung ist ausgeschlossen; Leistungspflicht = Einräumung einer bei Vertragsabschluss bestehenden Erwerbsaussicht *Beispiel: Spiel- oder Losgemeinschaft*
eo ipso	von selbst
erga omnes	(Geltung) gegenüber allen ZR: absolute Rechte wirken gegenüber jedermann, insb. im Sachenrecht das Eigentum, schuldrechtliche Verträge wirken nur relativ; ↔ inter partes
errare humanum est.	Irren ist menschlich.
error	Irrtum
~ calculi, computationis	Berechnungsirrtum
~ facti	Tatsachenirrtum
~ in obiecto	Irrtum über einen Gegenstand
~ in persona	Irrtum über eine Person

~ iuris	Rechtsirrtum ZR: gewisse Irrtümer berechtigen zur Anfechtung eines Rechtsgeschäfts, vgl. §§ 119 ff. BGB; Rechtsirrtümer sind grundsätzlich unbeachtlich
~ iuris nocet	Ein Irrtum über das Recht schadet. D.h. er hinderte im römR nicht die Verurteilung; vgl. auch → ignorantia facti; dagegen heute § 17 StGB (Verbotsirrtum)
essentialia negotii	wesentliche Bestandteile eines Rechtsgeschäfts ZR: Einigung über diese ist Voraussetzung für das Zustandekommen eines Vertrages; ↔ accidentalia negotii *Beispiel bei Kaufvertrag: Parteien, Gegenstand, Preis*
ex aequo et bono	nach billigem und guten (Ermessen)
ex ante	im Voraus, von vornherein
exceptio	Einrede, Einwand
~ dilatoria	(die Leistungspflicht) verzögernde Einrede
~ doli	Einrede der Arglist wird auf § 242 BGB gestützt
~ non impleti contractus	Einrede des nicht erfüllten Vertrages, vgl. § 320 BGB
~ peremptoria	zerstörende Einrede
~ temporis	Einrede der Verjährung vgl. § 214 BGB
exculpatio	Aufhebung der Schuld *Beispiel: der Geschäftsherr des Verrichtungsgehilfen kann nachweisen, dass ihn keine Schuld trifft, § 831 Abs. 1 S. 2 BGB; dann muss er keinen Schadensersatz für ein Delikt des Gehilfen leisten*
excusatio	Entschuldigung

executor ultimarum voluntatum .... Vollstrecker des letzten Willens, Testamentsvollstrecker
vgl. §§ 2197 ff. BGB

exegesis .... Auslegung

exheredatio .... Enterbung

ex iniuria ius non oritur aus Unrecht entsteht kein Recht (völkerrechtlicher Grundsatz)

ex lege .... durch Gesetz

ex nunc .... von jetzt ab, künftig

ex officio .... von Amts wegen
ProzessR: Behörde oder Gericht nimmt bestimmte Handlung von sich aus vor, ohne dass es eines Antrags o.ä. bedarf; diese sog. Offizialmaxime gilt insb. im Strafprozess

ex post .... danach, hinterher

expressis verbis .... mit ausdrücklichen Worten
↔ facta concludentia

ex tunc .... von damals her, rückwirkend
vgl. § 142 Abs. 1 BGB für die Anfechtung

F

facta concludentia .... schlüssige Tatsachen
ZR: Willenserklärungen können auch durch schlüssiges Verhalten entäußert werden; ↔ expressis verbis

facultas .... Befähigung, Vereinigung, Fakultät

facultas alternativa .... Ersetzungsbefugnis
ZR: Schuldner ist berechtigt, andere Leistung zu erbringen oder Gläubiger

	kann andere Leistung fordern, vgl. §§ 364 Abs. 1, 249 Abs. 2 BGB *Beispiel: Ersetzungsbefugnis im Autohandel*
falsa demonstratio	falsche Bezeichnung
~ non nocet.	Eine falsche Bezeichnung schadet nicht. ZR: Wenn beide Vertragsparteien etwas übereinstimmend falsch verstehen, dann gilt entgegen dem Wortlaut das beiderseits Gewollte, da niemand schutzbedürftig ist. *Beispiel: „Haakjöringsköd" = Haifischfleisch; beide Seiten verstanden darunter aber Walfischfleisch*
falsus procurator	Vertreter ohne Vertretungsmacht Rechtsfolgen: §§ 177 ff. BGB.
favor	Begünstigung
~ iuris	Rechtswohltat *Beispiel: Dem Schuldner bleibt bei der Zwangsvollstreckung der Lebensunterhalt gesichert.*
~ testamenti	Begünstigung des Testaments Auslegungsregel, wonach diejenige Auslegung zu bevorzugen ist, bei der die Verfügung erfolgreich sein kann, vgl. § 2084 BGB
fiat iustitia, pereat mundus.	Es geschehe Gerechtigkeit, auch wenn die Welt unterginge.
fictio iuris	rechtliche Fiktion Gesetz unterstellt etwas entgegen der Wirklichkeit *Beispiel: Erbenbesitz nach § 857 BGB: Erben gelten mit dem Erbfall auch dann als Besitzer, wenn noch keine tatsächliche*

	Sachherrschaft und Herrschaftswille vorliegen
fides (bona/mala)	Glauben, Treue (Treu und Glauben/ Unredlichkeit) vgl. § 242 BGB und die darauf gegründeten Einreden
fiscus	Staatsvermögen
forensis	gerichtlich
forum	Gericht in Rom öffentlicher Platz für Versammlungen und Gerichtsverhandlungen
~ delicti commissi	Gerichtsstand des Begehungsortes eines Deliktes; vgl. § 32 ZPO
~ domicilii	Gerichtsstand am Wohnsitz des Beklagten; vgl. § 13 ZPO
~ prorogatum	vereinbarter Gerichtsstand ProzessR: unter bestimmten Voraussetzungen können die Parteien eines Rechtsstreits (schon im Voraus) das für ihre Angelegenheiten zuständige Gericht frei bestimmen
~ rei sitae/solutionis	Gerichtsstand der belegenen Sache/ des Erfüllungsortes vgl. § 24 ZPO bzw. § 29 ZPO
fraus	arglistiges Verhalten, Betrug
fraus legi facta	der am Gesetz begangene Betrug Gesetzesumgehung; der Schutzzweck einer Vorschrift darf nicht unterlaufen werden. *Beispiel: § 476 Abs. 1 BGB – zum Schutz des Käufers beim Verbrauchsgüterkauf darf sich der Verkäufer auf abweichende Vereinbarungen nicht berufen*
fructus	Frucht, Ertrag, Nutzen
fundus	Landgut, Grund und Boden

fur (semper in mora) .... der Dieb (ist immer im Verzug) vgl. § 848 BGB
furiosus .... der Geisteskranke
furtum .... Diebstahl
~ usus .... Gebrauchsdiebstahl
StrafR: Gebrauchsanmaßung, Strafbarkeit nur bei Fahrzeugen, vgl. § 248b StGB

G

generalis .... allgemein
genius loci .... der gute Geist eines Ortes
gens .... Sippe, Großfamilie, Volk
daher → ius gentium
genus perire non potest Eine Gattung kann nicht untergehen.
ZR: Der Schuldner einer Gattungsschuld wird nicht von seiner Schuld befreit, wenn die zur Lieferung vorgesehene Sache untergeht. Gattungsschulden sind Beschaffungsschulden. Abgrenzung zur Vorratsschuld und zur Konkretisierung, § 243 Abs. 2 BGB.
gestio .... Führung, Verwaltung
gestor negotiorum .... Geschäftsführer
gradus cognationis .... Verwandschaftsgrad
gravamen .... Sorge, Beschwerde, Belastung

H

habeas corpus! .... Der Körper sei dein!
Ursprünglich (ma.) Einleitung für Haftbefehle; positive Bedeutung seit Habeas Corpus Act (1679) in England als Recht auf unverzügliche

	richterliche Haftprüfung; heute Garantie der Freiheit der Person, vgl. Art. 104 GG, bzw. Schutz vor willkürlicher Verhaftung, vgl. auch Art. 5 EMRK; in den USA zeitweise außer Kraft gesetzt, insb. für Häftlinge in Guantanamo.
habent sua fata libelli!	(Auch) Büchlein haben ihr Geschick!
h.c.	→ honoris causa
heredis institutio	Erbeinsetzung römR: notwendiger Grundbestandteil des Testaments, Bestimmung des Gesamtnachfolgers, d.h. kein bloßes Legaten-Testament ErbR: auch heute in Abweichung von der gesetzlichen Erbfolge möglich; Korrekturen durch Sittenwidrigkeit und Pflichtteilsrecht
hereditas	Erbschaft
hic et nunc	hier und jetzt
homicidium	Totschlag, Mord
homo	Mensch
homo liber	der Freie
homo sum, nil humani a me alienum puto.	Ich bin ein Mensch, und nichts Menschliches, glaube ich, ist mir fremd. (*Terentius*)
honoris causa (h.c.)	der Ehre wegen, ehrenhalber
horribile dictu	schrecklich, es zu sagen

I

ictus	Schlag, Stoß, Angriff StrafR: → aberratio ictus
i.e. = id est	das ist, das heißt
ignorantia	Unkenntnis, Unwissenheit

ignorantia facti	Unkenntnis der Tatsachen
~ non iuris excusat.	~ entschuldigt, nicht die des Rechts. vgl. auch → error iuris nocet
ignorantia (in)vincibilis	(un)vermeidbarer Irrtum Abgrenzung von vermeidbarem und unvermeidbarem Irrtum, insb. bei § 17 StGB entscheidend
illustrandi causa	zur Erläuterung
immissio	störende Einwirkung von außen auf ein Grundstück vgl. § 906 BGB
immobilis	unbeweglich
immobilia	Grundstücke
impedimentum	Hindernis
impensae	Aufwendungen vgl. den Ersatz vergeblicher Aufwendungen, § 284 BGB
impossibilium nulla est obligatio.	Unmögliches kann nicht Verpflichtung sein. ZR: Ist eine Leistung objektiv oder subjektiv unmöglich, dann geht die entsprechende Leistungspflicht unter, vgl. § 275 BGB; rechtsvernichtende Einwendung.
imprimatur!	Es möge gedruckt werden! Druckerlaubnis, ursprünglich ein hoheitliches Privileg
imprudentia	Unklugheit, Fahrlässigkeit
in absentia	in Abwesenheit
inauguratio	feierliche Einsetzung in ein Amt
in bonis esse/habere	eigentumsähnliche Position *Beispiel: Inhaber eines Anwartschaftsrechts*
in brevi	in Kürze (in kurzen Worten)

in casu necessitatis	im Notfall
in concreto	im Einzelfall, in Wirklichkeit
in contumaciam	wegen Ungehorsams ProzessR: gegen eine gerichtliche Ladung = Versäumnisurteil
indebiti solutio	Erfüllung einer Nichtschuld gibt grundsätzlich Rückforderungsanspruch nach § 812 Abs. 1 S. 1 1. Fall BGB
indebitum	Nichtschuld
in dubio pro reo!	Im Zweifel für den Angeklagten. StProzessR: Grundsatz, wonach ein Angeklagter freizusprechen ist, sofern dem Gericht Zweifel verbleiben
indulgentia	Nachsicht, Gnade, Straferlass
infans	Kind
in flagranti	(wörtlich) beim Brennen = auf frischer Tat ertappt
in fraudem creditorum ..	zum Nachteil der Gläubiger
in fraudem legis	unter Gesetzesumgehung → fraus legi facta; hier die entsprechende Gesinnung
in iure	vor Gericht
iniuria	Unrecht (i.w.S.), Beleidigung (i.e.S.)
in medias res	gleich zur Sache kommen
in margine	am Rande
in mora (periculum ~) ..	im Verzug (Gefahr ist im ~) Zusammenhang mit Ermittlungsmaßnahmen der Strafverfolgungsbehörden; bedeutsam u.a. bei Maßnahmen, die an sich unter Richtervorbehalt stehen
in omne eventum	für alle Fälle

in praeteritum non vivitur	In der Vergangenheit wird nicht gelebt. FamilienR: kein Unterhaltsanspruch für abgelebte Zeiten, vgl. § 1613 BGB
inquilinus	Wohnungsmieter
inquisitio	gerichtliche Untersuchung (zur Beweisermittlung)
insolventia	Zahlungsunfähigkeit
in spe	in der Hoffnung
instrumentum probationis	Beweismittel
~ sceleris	~ des Verbrechens, auch → corpus delicti
insufficienter	ungenügend schlechteste Note für wissenschaftliche Arbeiten, insb. Doktorarbeiten
inter arma silent leges	Unter den Waffen (des Krieges) schweigen die Gesetze. skeptische Äußerung zum VölkerR
interdictio	Verbot, Untersagung
interim	einstweilen
inter omnes	(Geltung) für alle
inter partes	(Geltung) nur zwischen den Parteien ↔ erga omnes ZR: schuldrechtliche Verpflichtungen binden nur die Parteien selbst
interpellatio	Einspruch, („Objection, Your Honour!“), Anfrage, Mahnung
interpretatio	ursprüngliche Bedeutung: Analogie, seit ca. 1800 Bedeutung: Auslegung
~ extensiva	ausdehnende ~
~ restrictiva	einschränkende ~
interrogatio	Befragung, Verhör
inventarium	Verzeichnis von Gegenständen

invitatio ad offerendum	Einladung ein Angebot abzugeben ZR: mangels Rechtsbindungswillen gerade noch kein verbindliches Angebot; nach deutschem Recht z.B. Zeigen der Ware im Schaufenster (was in der Schweiz ein Angebot ist, vgl. Art. 7 Abs. 3 OR)
ipso iure	durch das Recht selbst, automatisch keine weitere Rechtshandlung notwendig, um die Rechtsfolge herbeizuführen *Beispiel: Gesamtrechtsnachfolge, § 1922 BGB, führt zum automatischen Eintritt des Erben in alle Rechte und Verbindlichkeiten des Erblassers*
itio in partes	Trennung einer Versammlung in Gruppen verfahrensrechtliche Regelung zur Vorbereitung der Entscheidungsfindung, im Reichstag des Alten Reichs in religiösen Angelegenheiten
iudex	Richter
iudex non calculat	Der Richter rechnet nicht. d.h. er gewichtet die Argumente und zählt sie nicht nur; vgl. → I.1. Einstieg
iudicium	Urteilsspruch, gerichtliche Entscheidung, Rechtsstreit
iudicium ius facit inter partes	Das Urteil schafft Recht (nur) zwischen den Parteien. vgl. § 325 Abs. 1 Alt. 1 ZPO; Ausnahme: Rechtskrafterstreckung auf Dritte
iura	Rechte (Plural von → ius)

iura in re aliena	Rechte an fremder Sache (beschränkte dingliche Rechte) = Rechtsmangel nach § 435 BGB
iura novit curia	Das Gericht kennt die Rechte. ProzessR: Rechtsbelehrung (durch Parteien oder Anwälte) ist nicht erforderlich; vgl. auch → da mihi factum
iurare	schwören, einen Eid ablegen
iurisdictio	Rechtsprechung, Gerichtsbarkeit
iurisprudentia	Rechtswissenschaft vgl. Einstieg unter I.1.
ius	Recht, Rechtsordnung, Berechtigung zum Begriff und den wichtigsten Verbindungen → I.1. Einstieg
~ civile	Recht der (römischen) Bürger daher Zivilrecht = Bürgerliches Recht
~ cogens/dispositivum ..	zwingendes/nachgiebiges Recht
~ commune	(all-)gemeines Recht Bezeichnung für das römR seit dem Mittelalter, Geltung in Teilen Deutschlands bis 1900
ius est ars boni et aequi.	Das Recht ist die Kunst des Guten und Gerechten.
ius gentium	Recht der Völker, Völkerrecht im römR anderer Inhalt (besonders kreatives und wirkmächtiges Recht, das nicht nur für römische Bürger galt) als seit *Hugo Grotius* (Völkerrecht im modernen Sinne)
iusiurandum	Eid
ius positivum	gesetztes Recht
ius naturale	Naturrecht
ius non scriptum	ungeschriebenes Recht
ius publicum	öffentliches Recht

ius sanguinis	Recht des Blutes Abstammungsprinzip im Staatsangehörigkeitsrecht
ius soli (nicht: solis!)	Recht des Bodens, des Geburtsorts Ausgangspunkt für die Staatsangehörigkeit; ↔ ius sanguinis, Recht des Blutes = Abstammungsprinzip
iusta causa possessionis	Besitztitel römR: Titel, der den rechtmäßigen Grund des Besitzes angibt ProzessR: Titel, der zur Herausgabe des Besitzes berechtigt
iustitia	(Göttin der) Gerechtigkeit → I.1. Einstieg

L

laesio	absichtliche Verletzung, rechtlicher Nachteil
laesio enormis	übermäßig große Verletzung auch „Verkürzung über die Hälfte", → pretium iustum; Ansätze bei *Diokletian*, Bezeichnung und Weiterentwicklung der Lehre im kanonischen und Naturrecht; führt zu Auflösbarkeit oder Unwirksamkeit eines Rechtsgeschäfts *Beispiel: § 934 ABGB (Österreich), Art. 1674 ff. Cc (Frankreich)*
lapsus (linguae)	Fall, Versehen, Irrtum (der Zunge: ein Versprecher)
latrocinium	Raub (Mord) im großen Stil
laus	Lob → (magna/summa) cum laude
legalis	gesetzmäßig

legatum .... Vermächtnis (nicht Erbschaft)
ErbR: letztwillige Vermögenszuwendungen sind als Ausnahme vom Prinzip der Gesamtrechtsnachfolge möglich; schuldrechtlicher Anspruch auf Gewährung eines beliebigen Vermögensvorteils i.d.R. gegen den Erben

lege artis .... nach dem Gesetz der Kunst, kunstgerecht, vorschriftsmäßig
wichtig in der Medizin, um Haftung für Behandlungsfehler zu entgehen

leges .... Gesetze (Plural von → lex)

legislatio .... Gesetzgebung

legitimatio (per matrimonium subsequens) ... Anerkennung (Ehelichkeitserklärung durch nachfolgende Eheschließung)
historisch große Bedeutung, heute wegen Gleichstellung nichtehelicher Kinder abgeschafft

lex .... Gesetz, Klausel (Pl.: leges)
→ I.2. Einstieg

~ divina .... göttliches Gesetz

~ humana .... von Menschen geschaffenes Recht

~ imperfecta .... unvollständige Rechtsnorm
Gesetz enthält zwar einen Tatbestand, aber keine Rechtsfolge

Beispiel: Das Schwarzarbeitsbekämpfungsgesetz will entsprechende Arbeitsverträge verhindern, regelt jedoch nicht die Wirksamkeit solcher Vereinbarungen; die Rechtsfolge des Gesetzesverstoßes (Nichtigkeit des Vertrags) ergibt sich aus § 134 BGB

liber .... Buch, Schrift

liber, libertus, libertinus der Freie, der Freigelassene

licentia (docendi) .... Erlaubnis (zum Lehren)

licitum	erlaubt
liquet	es fließt, ist klar, leuchtet ein → non liquet
lite pendente	bei schwebendem Verfahren ProzessR: die Ermittlungen dauern noch an; es ist noch kein Urteil gesprochen
litis contestatio	Einlassung auf die Klage, Streitbefassung ProzessR: auf Abweisung der Klage zielende Stellungnahme des Beklagten zur Sache in der mündlichen Verhandlung
LL.M. = magister legum	Meister der Gesetze
locatio conductio (rei/operis/operarum) ...	Miete (Sachmiete / Werkvertrag / Dienstvertrag) wie → emptio venditio Konsensualvertrag mit eigenem Namen
locus	Ort, Stelle
loci communes	(wörtlich) Gemeinplätze, aber i.S.v. allgemein als richtig anerkannte Sätze Rhetorik: darauf musste sich ein Redner beziehen, um nicht nur akzeptable, sondern auch wirkmächtige Aussagen machen zu können
locus regit actum	Der Ort bestimmt den Rechtsakt. genauer: die einzuhaltende Form, vgl. Art. 11 Abs. 1 EGBGB
longa manu traditio	Übereignung langer Hand, Übergabe durch Hinweisen vgl. § 854 Abs. 2 BGB; Sonderfall der Übereignung *(klassisches) Beispiel: im Wald liegende Holzstämme, die sich der Erwerber infol-*

	ge einer Gestattung des Veräußerers abholen darf
lucidum intervallum	lichter Moment (Pl.: lucida intervalla) zeitweilige Vernünftigkeit bei einem Geistesschwachen; Bedeutung bei Geschäftsunfähigkeit nach § 104 Nr. 2 BGB: wirksame Willenserklärungen sind möglich
lucrum (cessans)	(entgangener) Gewinn vgl. § 252 BGB
luxuria	Zügellosigkeit, grobe Fahrlässigkeit

M

magna cum laude	mit großem Lob Notenstufe, insb. bei Doktorarbeit
mala fide	in schlechtem Glauben, arglistig, bösgläubig ZR: Wissen oder grob fahrlässiges Nichtwissen von gewissen Umständen beim Erwerb beweglicher Sachen; vgl. insb. § 932 Abs. 2 BGB ↔ bona fide
mandatum	Auftrag, Befehl römR: unentgeltliche Tätigkeit in fremden Interesse; insb. auch im Staatsrecht: Amt des gewählten Abgeordneten; noch heute ist der Auftrag unentgeltlich, vgl. § 662 BGB; Rechtsanwälte sprechen daher unkorrekt davon, Mandate zu bearbeiten, da sie nicht unentgeltlich tätig werden
manus	Hand (altrömische) Schutzgewalt des → pater familias über seine Ehefrau (gegenüber den Hauskindern → potestas)

manu propria	eigenhändig gesetzliche Art des ordentlichen Testaments, §§ 2247 Abs. 1, 2231 Nr. 2 BGB; ↔ öffentliches Testament
manus manum lavat	Eine Hand wäscht die andere. vgl. → do ut des, heute eher negativer Beiklang (Korruption)
mare liberum	das freie Meer
mater semper certa est ..	Die Mutter ist immer sicher. Bis vor wenigen Jahren waren biologische und rechtliche Mutterschaft – anders als die Vaterschaft (→ pater) – zwingend identisch. Das BGB enthielt deshalb keine Vorschrift zur Mutterschaft. In Zeiten der Reproduktionsmedizin definiert das Gesetz jetzt die Frau als Mutter im rechtlichen Sinne, die ein Kind geboren hat, § 1591 BGB.
matrimonium	Ehe Bezeichnung aus dem römR und KirchenR
m.c.l.	→ magna cum laude
mens testatoris	der Wille des Erblassers
merces, -edis (f.)	Entgelt, Lohn, Honorar
merx, mercis	die Ware
minima non curat praetor	Der Gerichtsherr kümmert sich nicht um Kleinigkeiten, ahndet geringfügige Rechtsverstöße nicht (auch: de minimis non curat praetor). Grundsatz aus dem römR; heute kann die Staatsanwaltschaft bei geringer Schuld von der Verfolgung absehen, § 153 Abs. 1 StPO
minor	minderjährig, Minderjähriger
mobilia	bewegliche Sachen
modus	Art und Weise, Auflage

~ adquirendi (acquirendi)	die Erwerbsart im gemeinen Recht: Besitzübertragung als erforderliches Element des Eigentumsübergangs (→ traditio) neben → titulus
~ vivendi	Art des Zusammenlebens VölkerR: vorläufige Vereinbarung
mora	Verzug ZR: allgemein ist der Verzug die rechtswidrige Verzögerung bei Verpflichtungen aus einem Schuldverhältnis
~ creditoris	Gläubiger~ wenn der Gläubiger die Leistung nicht annimmt, gerät er in Verzug, § 293 BGB, und hat erhöhte Risiken zu tragen, § 300 BGB
~ debitoris	Schuldner~ vom Schuldner zu vertretene Nichtleistung bei Fälligkeit trotz Mahnung, § 286 BGB; führt zu besonderer Verantwortlichkeit, § 287 BGB
moratorium	Zahlungsaufschub ZR: Vereinbarung über das Hinausschieben fälliger Verpflichtungen; beispielsweise Stundung gem. § 205 BGB, vgl. auch § 506 BGB für den entgeltlichen Zahlungsaufschub
mors	Tod
mortis causa	von Todes wegen
post mortem	nach dem Tod
mos	Sitte, Brauch, Gewohnheit
~ maiorum	~ der Vorfahren römR: traditionelle Verhaltensweisen, Gewohnheitsrecht

motu proprio	aus eigenem Antrieb KirchenR: (aus eigenem Antrieb veranlasster) Erlass des Papstes in Briefform
multum, non multa!	Viel, aber nicht vielerlei (leisten)!
mundus vult decipi!	Die Welt möchte betrogen werden!
mutatis mutandis	wenn die notwendigen Veränderungen vorgenommen sind Redewendung, die vergleichbare Verhältnisse in Bezug setzt, Analogie
mutuum	Darlehen römR: Verpflichtung zur Rückzahlung wurde real, durch Hingabe des Darlehensgegenstands begründet; grundsätzlich zinslos
mutuus consensus	gegenseitige Übereinstimmung
mutuus dissensus	gegenseitige Nicht-Übereinstimmung, Meinungsverschiedenheit

N

nasciturus	der geboren Werdende, die Leibesfrucht ErbR: die Leibesfrucht gilt als vor dem Erbfall geboren und ist damit erbfähig, § 1923 Abs. 2 BGB
NC	→ numerus clausus
ne bis in idem	nicht zweimal in demselben (Verfahren) StProzessR: Voraussetzung eines Prozesses, dass es in derselben Sache nicht schon einen früheren gab, um eine nach Art. 103 Abs. 3 GG verbotene Doppelbestrafung auszuschließen; die Strafverfolgung eines Freigesprochenen ist ebenfalls ausgeschlossen

ne eat iudex ultra petita partium! .... Es gehe nicht der Richter hinaus über die Forderungen der Parteien!
→ I.1. Einstieg

neglegentia .... Fahrlässigkeit

negotium .... Geschäft; die einem bestimmten Zweck dienende Tätigkeit
→ accidentalia/essentialia negotii

~ claudicans .... hinkendes Rechtsgeschäft
ZR: bis zur Genehmigung schwebend unwirksam

~ nullum/imperfectum .. nichtiges Rechtsgeschäft

~ simulatum .... Scheingeschäft

negotia .... Geschäfte (Pl.)

~ inter vivos .... Geschäfte unter Lebenden
Beispiel: Kaufvertrag

~ mortis causa .... Geschäfte von Todes wegen
ZR: Rechtsgeschäft wird zwar zu Lebzeiten abgeschlossen, die den Leistungsempfänger unentgeltlich begünstigende Wirkung soll jedoch erst nach dem Tod des Zuwendenden eintreten, vgl. § 2301 BGB und → donatio inter vivos/mortis causa
Beispiel: Erbvertrag

negotiorum gestio (gestor) .... Geschäftsführung (Geschäftsführer) ohne Auftrag
vgl. §§ 677 ff. BGB

nemo tenetur se ipsum accusare. .... Niemand ist verpflichtet, sich selbst anzuklagen.
StProzessR: Selbstbegünstigung ist straflos; ergibt sich aus Art. 2 Abs. 1 i.V.m. Art. 1 Abs. 1 GG (Allgemei-

	nes Persönlichkeitsrecht) und Art. 20 Abs. 3 GG (Rechtsstaatsprinzip).
nemo ultra posse obligatur	Niemand wird über sein Können hinaus verpflichtet. ZR: Unmöglichkeit führt zum Wegfall der Leistungspflicht, Grundgedanke des § 275 Abs. 1 BGB
ne ultra petita	nicht mehr als gefordert → I.1. Einstieg
N.N.	→ nomen nescio
nomen	Name, Forderung
nomen nescio (N.N.) ...	den Namen weiß ich nicht bzw. nomina nominanda (noch zu benennende Namen); übertragene Bedeutung: noch offen
nomine proprio	im eigenen Namen ZR: Voraussetzung der Stellvertretung (§§ 164 ff. BGB), sog. Offenkundigkeitsprinzip
non liquet	es ist unklar ProzessR: behauptete Tatsachen, konnten weder bewiesen noch widerlegt werden; im Zivilprozess endet das Verfahren in diesem Fall zu Ungunsten der Partei, welche die Beweislast trägt; im Strafprozess führt dies zum Freispruch des Angeklagten
non omne quod licet honestum est	Nicht alles, was (gerade noch) erlaubt ist, ist (auch) ehrenhaft. vgl. *Paulus* Dig. 50, 17, 144
noxa	Schaden, Schädigung, Schadensersatz

nullum crimen, nulla poena sine lege (scriptum)	Kein Verbrechen, keine Strafe ohne (geschriebenes) Gesetz. StR: Gesetzlichkeitsprinzip, ergibt sich aus Art. 103 Abs. 2 GG, § 1 StGB und konkretisiert sich in Verbot von Gewohnheitsrecht, Rückwirkungsverbot, Bestimmtheitsgebot und Analogieverbot
numerus clausus (NC)	geschlossene/beschränkte Zahl zahlenmäßige Zulassungsbeschränkung; im Kontext des Rechts auf freie Wahl des Berufs und der Ausbildungsstätte, Art. 12 Abs. 1 S. 1 GG, entschied das Bundesverfassungsgericht über die Rechtfertigung des Eingriffs durch einen NC, vgl. BVerfGE 33, 303

O

obiter dictum (Pl. dicta)	nebenher gesagt → I.1. Einstieg
obligatio	Verbindlichkeit, Schuldverhältnis
~ alternativa	Wahlschuld vgl. §§ 262 ff. BGB
~ ex contractu	aus Vertrag *Beispiel: Kaufvertrag, § 433 BGB*
~ ex delicto	aus Delikt *Beispiel: § 823 Abs. 1 BGB zugleich → ex lege*
~ ex lege	aus dem Gesetz *Beispiele: Geschäftsführung ohne Auftrag, §§ 677 ff. BGB und Bereicherungsrecht, §§ 812 ff. BGB – zugleich quasi ex contractu*

~ naturalis	Naturalschuld ZR: unklagbare Verbindlichkeit, deren Erfüllung nicht erzwungen , andererseits das dennoch (selbst irrtümlich) Geleistete nicht zurück gefordert werden kann *Beispiele: verjährte Forderungen (§ 214 BGB) oder Spiel- und Wettschulden (§ 762 BGB)*
occupatio	Besetzung, Besitznahme ZR: Aneignung; Realakt, der zum Erwerb von beweglichen herrenlosen Sachen durch Besitznahme führt, § 958 Abs. 1 BGB
offerre	anbieten
offerta	(verbindliches) Angebot
~ ad incertas personas ..	an (eine) unbestimmte (Anzahl) Personen (gerichtet) → ad incertam personam
officium	Pflicht, Amtspflicht
olim possessor, hodie possessor: semper possessor!	Einstmals Besitzer, heute Besitzer: immer Besitzer! ZR: Vermutung des ununterbrochenen Besitzes für Eigentumserwerb durch Ersitzung, § 938 BGB
omissio	Unterlassung i.w.S. = Nichthandeln, Nichtstun, i.e.S. = Nichterfüllung einer Pflicht gegenüber einem Anderen StR: Strafbarkeit, soweit dadurch ein strafrechtlich geschütztes Rechtsgut verletzt wird; ZR: Schadensersatzpflicht bei Garantenstellung

omnimodo facturus	der unter allen Umständen zum Handeln Entschlossene StR: kann nicht mehr von einem Dritten angestiftet werden, d.h. Anstiftung ist nicht mehr kausal zu der dann ausgeführten Tat
omnis definitio periculosa	eine jede Definition hat etwas Gefährliches (Dig. 50, 17, 202)
onus probandi	Beweislast ZProzessR: Parteien müssen tatsächliche Voraussetzungen der Norm beweisen, welche sie geltend machen wollen; folgt aus dem Verhandlungsgrundsatz
opinio communis	allgemeine/herrschende Meinung Abkürzung: h.M.
opinio iuris	Rechtsüberzeugung, Rechtsmeinung
opinio necessitatis	Überzeugung von der Notwendigkeit (auch: opinio iuris sive necessitatis) Gewohnheitsrecht; Rechtsquelle im Gegensatz zum positiven/gesetzten Recht; durch lang andauernde, von Rechtsüberzeugung getragener Übung geschaffenes Recht
optimum	das Beste
optio	Möglichkeit, Wahl
opus	Bauwerk, Werk i.w.S.

P

pacta sunt servanda!	Verträge sind einzuhalten! Tragweite für das antike römR umstritten; moderner Ursprung i.S.v. Einhaltung formlos geschlossener Verträge im KirchenR; wichtiger

	Grundsatz sowohl im ZR als auch im VölkerR; vgl. aber die Widerrufsrechte bei Verbraucherverträgen, §§ 355 ff. BGB
pactum	Vertrag, Vereinbarung → pax
~ adiectum	Nebenabrede
~ de non cedendo	Vereinbarung, eine Forderung nicht abzutreten Bezeichnung für eine Abrede, wonach der Gläubiger zusichert, die zwischen den Parteien bestehende Forderung nicht abzutreten; führt nach § 399 BGB zum Ausschluss der Abtretung
~ de non petendo	Abrede, nicht zu fordern Bezeichnung für eine Vereinbarung, wonach der Gläubiger verspricht, die fällige Forderung vorerst nicht geltend zu machen; führt zu Einwendung des Schuldners
~ nudum	klaglose Abrede wörtlich: nackte Vereinbarung, d.h. ohne die erforderliche Form geschlossen
~ reservati dominii	Vereinbarung des Eigentumsvorbehalts vgl. § 449 BGB
~ tacitum	stillschweigende ~
parentela	Verwandtschaft; Gesamtheit der Abkömmlinge
parentes	Eltern
pars pro toto	ein Teil für das Ganze, Beispiel
passim	überall Verwendung i.d.R. bei Verweis auf ein ganzes Werk, Verweistechnik

pater est, quem nuptiae demonstrat ...... Vater ist derjenige, der mit der Mutter verheiratet ist.
Regel zur Bestimmung der rechtlichen Vaterschaft, die von der biologischen (und/oder sozialen) abweichen kann, § 1592 Nr. 1 BGB

pater familias .... Hausvater, Inhaber der Hausgewalt
römR: Oberhaupt der Familie; Inhaber der → patria potestas;

pater semper incertus ... Der Vater ist immer ungewiß.
Im Gegensatz zur Mutterschaft (→ mater) war die biologische Vaterschaft bis vor wenigen Jahren nicht mit absoluter Sicherheit festzustellen. Dank Gentests hat diese quälende (oder auch vorteilhafte) Ungewissheit ein Ende.

patria potestas .... väterliche Gewalt
römR: Herrschaftsmacht des → pater familias über Personen und Sachen des Haushalts

pax .... der Friede
Als Wortbestandteil in → pactum enthalten!

peculium .... Sondergut
römR: Vermögen, welches der → pater familias dem Hauskind oder einem Sklaven zum selbständigen Wirtschaften überlassen konnte

pecunia .... Geld
Ursprung des Wortes: pecus = Vieh; (Acker-)Vieh war in Rom Zahlungsmittel und Zeichen für Wohlstand

pecunia non olet	Geld stinkt nicht gemeint: das Geld, das der römische Senat aus einer Kloakensteuer einnahm
pecuniariter agere	auf Geld klagen
pendente condicione	Schwebezeit durch Bedingung vgl. §§ 158 ff. BGB
per exemplum	zum Beispiel
perfidia	Treulosigkeit
periculum est emptoris	Die Gefahr des zufälligen Untergangs der Sache trifft den Käufer. ZR: den Schuldner trifft die Gefahr trotz des zufälligen Untergangs leisten zu müssen (= Leistungsgefahr)
periculum in mora	Gefahr in Verzug StProzessR: Ausnahme vom Richtervorbehalt zur Durchführung einer Maßnahme
permixtio	Vermischung vgl. § 948 BGB
permutatio	Tausch vgl. § 480 BGB
per se	für sich, von selbst
persona non grata	unwillkommene Person Bezeichnung im diplomatischen Verkehr; ein so bezeichneter Diplomat hat das Land zu verlassen und darf nicht wieder einreisen, vgl. Art. 9 Wiener Übereinkommen über diplomatische Beziehungen
pertinentia	Zubehör
petitum (Pl. petita)	das Eingeklagte, die Forderung
pignus	Pfand, i.e.S. Faustpfand ZR: Sicherung einer Forderung durch Hingabe einer beweglichen Sache; dingliches Recht, die hingegebene Sa-

	che zur Befriedigung seiner Forderung zu verwerten; vgl. §§ 1204 ff. BGB
placet	es gefällt; Erlaubnis, Zustimmung ursprüngliche Verwendung: Zustimmung zu einem Antrag im römischen Senat
plebiscitum	Volksabstimmung, Plebiszit die Entscheidung der Versammlung der Plebejer war in Rom bindendes Gesetz; in Deutschland sind Volksabstimmungen politisch nicht gewollt, anders als etwa in der Schweiz
plebs	die Plebejer, das Volk im Gegensatz zu den privilegierten Patriziern, das „einfache" Volk in Rom; durch Ständekämpfe erreichten die Plebejer politische Teilhabe
pleno iure	mit vollem Recht
plenum	Gesamtheit, Vollversammlung
poena (talionis)	Buße, Strafe (Vergeltungs-)
pontifex maximus	oberster Priester der im alten Rom für das Recht zuständigen pontifices (Pl.); heute noch einer der Titel des Papstes
Populus (Romanus)	das (römische) Volk
possessio	Besitz ZR: tatsächliche Gewalt einer Person über eine Sache, vgl. §§ 854 ff. BGB, vom Eigentum zu unterscheiden
possessor (bonae fidei)	Besitzer (gutgläubiger) → beati possidentis
post/posterior	danach, nach/der spätere
post mortem	nach dem Tode
postumus	nachgeborenes Kind ErbR: nach Tod des Erblassers ~ wird Erbe; → nasciturus

potestas	Macht, Gewalt, Kompetenz Hausgewalt des → pater familias über seine Hauskinder; zu unterscheiden von → vis
praedium	Grundstück
praeiudicium	vorgreifende Entscheidung, Vor-Urteil (eines höheren Gerichts, bindend für spätere Entscheidungen)
praescriptio (dormit)	Eintragung; auch Verjährung oder Ersitzung (sie ruht, vgl. § 939 BGB)
praesumtio/praesumptio	Vermutung
~ facti	~ der Tatsache Beweiserleichterung durch einen Erfahrungssatz, indem aus dem Vorliegen einer Tatsache auf eine andere (wahrscheinliche) geschlossen wird. *Beispiel: Auffahrunfall, bei dem Verschulden des hinteren Fahrers vermutet wird.*
~ iuris	~ des Rechts *Beispiele: §§ 280 Abs. 1 S. 2, 1006 BGB; § 440 Abs. 2 ZPO*
praeter legem	neben dem Gesetz, am Gesetz vorbei d.h. kein Widerspruch zum Recht, jedoch auch keine Übereinstimmung mit geltendem Gesetzestext
praeter propter	fast genau, ungefähr, im Großen und Ganzen
precarium	Bittleihe ZR: Überlassung einer Sache zu jederzeitigem Widerruf; provisorische Innehabung, nicht von Dauer; im BGB nicht gesetzlich normiert; anders in Österreich: § 974 ABGB daraus abgeleitet: prekär

pretium (iustum)	der (gerechte) Preis bzw. unzulässige Übervorteilung → laesio enormis
prima facie	auf den ersten Blick; Augenscheinbeweis ProzessR: Prüfung durch unmittelbare Sinneswahrnehmung, vgl. §§ 371 ff. ZPO, § 86 StPO; § 96 Abs. 1 VwGO
princeps legibus solutus	Der Herrscher ist von den Gesetzen frei. Begründung des Absolutismus
principiis obsta!	Gegen die Anfänge (einer Entwicklung) wehre dich (sofort)!
prior tempore potior iure!	Wer zuerst kommt, mahlt zuerst!
privilegium	Sonderrecht, dem Einzelnen verliehenes Vorrecht
pro	für, anstatt, vor, im Verhältnis zu
probatio	der Beweis
probatum est	es ist bewährt, es hilft
procedere	vorwärtsschreiten, fortschreiten, insb. das Verfahren fortsetzen, prozessieren
procurator	Verwalter römR: Staatsbediensteter; heute: Prokurist = Inhaber einer weitreichenden rechtsgeschäftlichen Vertretungsmacht (Prokura), §§ 48 ff. HGB
pro herede gestio	Handlung als Erbe ErbR: Verhalten, das auf Willen zur Annahme der Erbschaft schließen lässt, z.B. Beantragung eines Erbscheins
promissio	Versprechen
proprietarius	Eigentümer → dominus
pro rata temporis	zeitanteilig

protestare .... Einspruch, Widerspruch erheben; ursprünglich auch: etwas zu Protokoll geben

protestatio facto contraria .... Verwahrung gegen die Deutung des eigenen Verhaltens
eine Ablehnung, die dem eigenen Handeln zuwiderläuft verstößt nach heutiger Rechtsauffassung gegen den Grundsatz von Treu und Glauben (§ 242 BGB); der (im Widerspruch zum Handeln) erklärte Wille ist daher unbeachtlich

~ non valet .... ~ gilt nicht

provocatio (adversus) ... Berufung (gegen)

pubertas .... Mündigkeit
weiter Begriff, welcher die Volljährigkeit, Handlungs-, Geschäfts- oder Deliktsfähigkeit, die Ehemündigkeit sowie die Strafmündigkeit umfassen kann

publicus .... öffentlich, allgemein

punire .... bestrafen

Q

quaestio .... Untersuchung, Gerichtshof, Frage, Folter

~ facti .... Tatsachenfrage
ProzessR: gerichtliche Verhandlung hat über Erhebung von Fakten zu entscheiden

~ iuris .... Frage des Rechts
ProzessR: Entscheidung über die rechtliche Würdigung eines Sachverhalts

quasi	gleichsam
querela	Beschwerde, Klage
qui tacet, consentire videtur (ubi loqui debuit ac potuit)	Wer schweigt, wird als zustimmend behandelt, scheint zuzustimmen (wo er hätte sprechen müssen und können). römR und KirchenR; heute ist Schweigen zwar keine Willenserklärung, es kann aber dennoch Konsequenzen haben, z.B. Schweigen auf ein kaufmännisches Bestätigungsschreiben, § 416 Abs. 1 S. 2 BGB, § 516 Abs. 2 S. 2 BGB
quid iuris?	Was ist rechtens?
quidquid non agnoscit glossa, non agnoscit curia	Was die Glosse nicht anerkennt, erkennt auch das Gericht nicht an. Nur die glossierten Texte aus dem Corpus Iuris (→ IV.) waren vor Gericht zitierfähig (nicht z.B. die griechischen).
quivis ex populo	jeder aus dem Volke Formel für die in Deutschland grundsätzlich unzulässige Popularklage
quod erat demonstrandum!	Was zu beweisen war!
quod principi placuit, legis habet vigorem	Was dem Herrscher gefällt, hat schon Gesetzeskraft. gefährlicher Satz eines spätklassischen Juristen; undenkbar in Zeiten der Gewaltenteilung
quot capita, tot sensus ...	Wieviel Köpfe, soviel Meinungen. (oder auch: quot homines, tot sententiae)

R

rapina	Raub
ratio	Vernunft, Grund, Rechnung, Rechenschaft
~ legis	der Sinn des Gesetzes er ist zu erforschen, um das Gesetz korrekt anzuwenden
~ scripta	die geschriebene Vernunft ma. bzw. frühneuzeitliche Bezeichnung für das rezipierte römR
ratiocinium	Vernunftsschluss MethodenL: Syllogismus; Ergebnis eines juristischen Gutachtenprozesses
receptum	Garantie, Pflicht unbedingte Einstandspflicht für die (vom Kapitän, Gastwirt etc.) übernommenen Sachen
reformatio in peius	die Veränderung zum Schlechteren ProzessR: grundsätzlich nicht zulässig durch Urteil der höheren Instanz zu Lasten der Partei, die Rechtsmittel eingelegt hat; Gericht ist vielmehr an die Anträge gebunden, vgl. §§ 331, 358 Abs. 2 StPO, 528, 557 ZPO
regressus	Rückgriff
regula iuris	Rechtsregel
rei vindicatio	die Herausforderung (vindicatio) einer Sache (res) römR: Eigentumsklage; noch heute Bezeichnung für den Anspruch aus § 985 BGB; in „vindicare“ steckt „vim dico“, also: ich sage Gewalt an, wenn ich die Sache nicht sofort bekomme, entweder Selbsthilfe oder die Gewalt der staatlichen Vollstreckung

relata refero .... ich berichte Berichtetes
d.h. kann für die Wahrheit nicht einstehen

remuneratio .... Entlohnung, Vergeltung

renuntiatio .... Kündigung, Verzicht

repetitio est mater studiorum. .... Die Wiederholung ist die Mutter des Studiums.
Man könnte ergänzen „insbesondere des Jurastudiums!"

replicatio .... Gegeneinrede

reprobatio .... Gegenbeweis

res .... Sache (Pl.: res)

~ derelictae .... preisgegebene Sachen
ZR: werden herrenlos, man kann sie sich aneignen
Beispiel: Wegwerfen

reservatio mentalis .... geheimer Vorbehalt
auch heute noch: Mentalreservation = Abgabe einer Willenserklärung trotz des innerlichen Vorbehaltes, vgl. § 116 BGB

res extra commercium .. Sachen außerhalb des Handelsverkehrs
römR: Sachen, welche sich weder im Eigentum einer Person befanden, noch veräußert werden konnten (z.B. der Tempel)
ZR: Sachen, welche dem privatrechtlichen Verkehr entzogen sind; diese sind nur beschränkt verkehrsfähig; früher: Körperteile, das ist anders seit der Organbank; heute noch bestimmte Kulturgüter

~ fungibiles .... vertretbare Sachen
vgl. § 91 BGB

~ immobiles .... unbewegliche Sachen
sog. Liegenschaften, insb. Grundstücke

~ iudicata .... rechtskräftig entschiedene Streitsache

res iudicata pro veritate accipitur .... Die rechtskräftige Eintscheidung wird für Wahrheit genommen.
ProzessR: materielle Rechtskraft, d.h. Verbindlichkeit einer gerichtlichen Entscheidung; dient Schaffung von Rechtsfrieden

~ litigiosa .... streitbefangene Sache

~ mobiles .... bewegliche Sachen

responsum .... (Rechts-)Auskunft, (Rechts-)Gutachten

res publica .... der Staat, auch Gemeinwesen oder öffentliche Sache/Angelegenheit
Bezeichnung der Staatsform der römischen Republik

res sacra .... heilige Sache, Vermögen der Kirche; dem ZR entzogen (→ res extra commercium)

res succedit in locum pretii et pretium in locum rei. .... Die Sache tritt (bei Sondervermögen) an Stelle des Preises und der Preis an Stelle der Sache; dingliche Surrogation

restitutio in integrum ... Wiederherstellung des vorherigen (unversehrten) Standes
ZProzessR: Verfahren wird wieder so gestellt, wie vor Eintritt eines unverschuldeten nachteiligen Zustands, vgl. § 233 ZPO

retentio .... Zurückbehaltung
ZR: Leistungsverweigerungsrecht, vgl. §§ 273 f. BGB

reus .... Angeklagter
revisio .... Überprüfung, Revision
revocatio .... Widerruf
rite .... den Anforderungen (dem Brauch) gerade noch gemäß
untere positive Bewertungsstufe einer Dissertation
Roma locuta causa finita. Rom hat gesprochen, die Sache ist entschieden.
bezog sich ursprünglich auf den Papst, gilt heute wohl eher für Luxemburg, wo der Europäische Gerichtshof sitzt

S

sanctio .... Rechtsfolge
sapere aude! .... Wage es vernünftig zu werden!
s. *Immanuel Kant* und die Aufklärung
sapienti sat. .... Für den Wissenden ist es genug, es bedarf keiner weiteren Erklärung.
scilicet .... das bedeutet … (Abk.: scil.)
sedes materiae .... Sitz des Gegenstandes, Gesetzesstelle
semel heres, semper heres einmal Erbe, immer Erbe
ErbR: heute durchbrochen durch die Möglichkeit der Anordnung der Nacherbfolge; andere Bedeutung: der Erbe muss die Erbschaft nicht wieder herausgeben
senatus consultum .... Senatsbeschluss
hatte im römR Gesetzeskraft
sententia .... Urteil
sequester .... Verwalter

servitus .... Dienstbarkeit
beschränktes dingliches Recht, vgl. §§ 1018 ff. BGB
Beispiel: Wegerecht

servitus in faciendo consistere nequit. .... Eine Dienstbarkeit kann nicht bestehen in einem Tun, sondern nur in einem Dulden.
heute hingegen vgl. § 1018 BGB

servus .... Sklave

sine .... ohne

sine spe .... ohne Hoffnung
↔ cum spe

sine ira et studio .... ohne Zorn und Eifer
d.h. unparteiisch

sine obligo .... ohne Verpflichtung, freibleibend
Nachsatz in „Angeboten“, der die Bindung ausschließt, vgl. § 145 BGB – dadurch wird die Erklärung zur → invitatio ad offerendum

s.t. = sine tempore .... ohne Zeit
d.h. wirklich pünktlich; ↔ c.t.

singularia non sunt extenda .... Ausnahmevorschriften dürfen nicht extensiv ausgelegt werden.
Zweifelhafter Merksatz der MethodenL, da sich die Analogiefähigkeit einer Vorschrift allgemeiner nach der gesetzgeberischen Wertung richten sollte, die eine weitere Ausnahme sinnvoll machen kann.

si vis pacem, para bellum! Wenn du den Frieden willst, bereite den Krieg vor!
Kurzformel für die NATO-Philosophie

societas (leonina) .... Gesellschaft (mit dem Löwen)
in der Fabel von *Äsop* bekommt der Löwe alles; daraus wurde der juristische Begriff für eine Gesellschaft mit ungleichgewichtiger Verteilung von Risiken und Gewinn

socius .... Gesellschafter

solvere – solutio .... erfüllen – Lösung, Erfüllung

species .... Stück(-schuld)
↔ genus

sponsor .... Bürge
heute auch: Stifter

status causae
et controversiae .... Sach- und Streitstand

statutum .... Satzung, Gesetz, Statut

stipulatio .... Verpflichtung, Versprechen
römR: einseitig verpflichtend in besonderer (mündlicher) Form

stricto iure .... nach strengem Recht

suaviter in modo,
fortiter in re! .... milde in der Art und Weise des Vorgehens, hart in der Sache

sub poena .... unter Strafandrohung

substitutio .... Ersetzung

successio .... Rechtsnachfolge, Erbfolge

~ ab intestato .... Erbfolge ohne Testament
= gesetzliche Erbfolge

~ ex testamento .... testamentarische Erbfolge

~ in universitatem .... Gesamtrechtsnachfolge
vgl. im ErbR § 1922 BGB

sui generis .... eigener Art
d.h. systematisch nicht in eine Kategorie einzuordnen
Beispiele: völkerrechtliche Einordnung der Europäischen Union; Vertrag sui ge-

	neris als nicht den Typen des BGB (Kauf etc.) entsprechender Vertrag
s.c.l. = summa cum laude	mit höchstem Lob Bestnote, insb. für Doktorarbeiten
summa summarum	alles in allem
suo tempore	zur rechten Zeit
superficies solo cedit ...	Das Bauwerk folgt dem Boden, geht zum Eigentümer. ZR: grundsätzlich kein getrenntes Eigentum, vgl. § 94 BGB; durchbrochen durch Erbbaurecht, Wohnungseigentum und Gebäudeeigentum in der DDR bzw. den neuen Bundesländern
suum cuique	Jedem das Seine. vgl. *Ulpianus* Dig. 1, 1, 10, 1; missbraucht von den Nazis

T

tabulae (Pl.)	Schriftstück, Urkunde
tacitus consensus	stillschweigende Übereinstimmung ZR: Vertragsschluss durch schlüssiges Verhalten möglich
tempus regit actum.	Die Zeit regiert/beherrscht den Rechtsakt. Grundsatz, wonach das Recht Anwendung findet, das zur Zeit der Vornahme des Rechtsgeschäfts oder einer Prozesshandlung galt. *Beispiel: Nur die Formvorschriften sind einzuhalten, welche zur Zeit des Vertragsschlusses vorgesehen waren.*

Tenor	[Betonung: Ténor] wesentlicher Inhalt, Hauptaussage, Urteilsformel ProzessR: wichtigster Bestandteil eines Urteils oder Beschlusses
tertium non datur!	Ein Drittes wird nicht gegeben! = eine dritte Möglichkeit gibt es nicht Satz der Logik
testis	Zeuge
testamentum	Testament
~ ruptum	das zerstörte (ungültig gewordene) ~
testimonium	Zeugnis
titulus	Rechtsgrund daneben weitere Bedeutungen: Anrede, Adelsprädikat, Doktorwürde, Gesetzesabschnitt, Erwerbsgrund (causa), Urteilsausfertigung (Vollstreckungstitel)
traditio	Übergabe, Überlieferung ZR: neben Konsens für Übereignung grundsätzlich erforderlich, § 929 S. 1 BGB
~ brevi manu	Übergabe kurzer Hand vgl. § 929 S. 2 BGB
~ longa manu	Übergabe von langer Hand vgl. § 854 Abs. 2 BGB
transactio	Abmachung, Vergleich
tres faciunt collegium ...	Drei bilden einen Verein, vgl. § 73 BGB Ableitung in der Neuzeit: (Privat-) Kolleg eines Dozenten als Vorstufe zur eigentlichen Universitätsvorlesung; engl. college
tua res agitur!	Deine Sache wird verhandelt! Du bist betroffen!

tu quoque! .... Du auch!
Vorwurf der beiderseitigen Rechts- oder Sittenwidrigkeit
Rhetorik: nämlich hast bzw. hättest genauso gehandelt

turpis .... schlecht, unanständig

turpitudinem suam allegans nemo auditur .. Wer sich auf eigene Sittenwidrigkeit beruft, wird nicht gehört!

turpitudo .... Sittenwidrigkeit, vgl. §§ 138, 817 BGB

tutela .... Vormundschaft, vgl. §§ 1773 ff. BGB

tutor .... Vormund

U

ubi rem meam invenio, ibi vindico. .... Wo ich meine Sache finde, da fordere ich die Herausgabe.
da sage ich Gewalt an: vim dico!
auch → rei vindicatio

ultima ratio .... letztes Mittel

unilateralis .... einseitig

universitas .... Körperschaft, (Personen-)Gesamtheit

uno actu .... mit einer Handlung, ohne Unterbrechung

urbi et orbi .... der Stadt (Rom) und dem Erdkreis
Segen, ausgehend vom allumfassenden Anspruch der katholischen (griech. καθολικός = allumfassend) Kirche; als Wendung für das römische Reich schon bei *Ovid*, Fasti (Anfang 1. Jh.).

usucapio .... Aneignung, Ersitzung
ZR: Eigentumserwerb des redlichen Besitzers durch Zeitablauf, vgl. §§ 937 ff. BGB

usurae (usurarum)	Zinsen (Zinses-)
usus	Brauch, Gebrauch, Gewohnheit
ususfructus	Nießbrauch ZR: dingliches Recht auf Nutzungen einer Sache, vgl. §§ 1030 ff. BGB
utile non debet per inutile vitiari.	Das Nützliche darf nicht durch das Unnütze geschädigt werden. ZR: unwirksame Teilaspekte sollen nicht den ganzen Vertrag unwirksam machen, vgl. § 139 BGB
uxor	Ehefrau
~ in manu	unter altrömischer Gewalt (→ manus) ihres Ehemannes stehende Ehefrau

V

venditio	Verkauf → emptio venditio
venditio trans Tiberim ...	Verkauf über den Tiber römR: Verkauf des Schuldners über die Stadtgrenze = in die Sklaverei
venia legendi	Erlaubnis des Lesens (Lehrens) genauer: an einer Universität (Hochschule); wird mit der Habilitation erlangt
venire contra factum proprium	Handeln gegen eine selbst gesetzte Tatsache, gegen eigenes Verhalten
~ nulli conceditur	~ wird niemandem zugestanden ZR: mit § 242 BGB begründetes Verbot widersprüchlichen Verhaltens
verba	Wortlaut (wörtl.: Worte); Auslegungsproblem, ob Wortlaut oder (entgegenstehender, wahrer) Wille (voluntas) vorgeht; Lö-

	sung abhängig von Schutzbedürftigkeit des Erklärungsempfängers
veritas	Wahrheit, Wirklichkeit, Rechtlichkeit
veto	ich verbiete
vice versa	umgekehrt
vi, clam, precario	durch Gewalt (vis), heimlich (clam), erbettelt (precarius) ZR: dadurch in Besitz Gebrachtes wird nicht geschützt; vgl. → precarium
videant consules ne quid detrimenti res publica capiat!	Mögen die Konsuln zusehen, dass der Staat keinen Schaden nimmt! röm. Republik = Notstandsformel; heute geringe Bedeutung des Notstandsrechts aufgrund negativer Erfahrungen in der Weimarer Republik
vim vi repellere naturaliter licet.	Gewalt mit Gewalt zurückstoßen, wird natürlich erlaubt. Grundsatz der Notwehr, vgl. §§ 32, 34 StGB, § 227 BGB
vindicatio	Herausgabeforderung → rei vindicatio
vis	Kraft, Gewalt zu unterscheiden von → potestas
~ absoluta	willensbrechende, unwiderstehliche Gewalt StR: schließt Willensentschluss aus
~ compulsiva	willensbeugende Gewalt StR: lediglich Willensbeeinträchtigung
~ legis	Gesetzeskraft
~ maior	höhere Gewalt
vitium	Mangel, Fehler, Sühne

volenti non fit iniuria ...	Dem Wollenden geschieht kein Unrecht. StR: Einwilligung schließt Rechtswidrigkeit und damit Strafbarkeit aus
voluntas	Wille → verba
votum	Stimme, Gelübde, Gutachten
vulgo	im Volk verbreitet, gewöhnlich
vulnus letale	tödliche Wunde

IV. Römische Juristen zur Gesetzesauslegung – und auch persönlich vorgestellt!

Wir Juristen befinden uns in typisch schwieriger professioneller Lage, wenn das Recht, das wir anwenden sollen, schwankend und ungewiss ist. Wie helfen wir uns?

Frühe methodologische Ratschläge finden wir gesammelt in den Digesten, 1. Buch Titel 3 de legibus = von den Gesetzen. Die Digesten (auch Pandekten)[1] sind gesammelte Juristenschriften, der wichtigste Teil des *Corpus Iuris Civilis*, erlassen mit Gesetzeskraft vom oströmischen Kaiser *Justinian* im Jahre 533 n. Chr. Seit der Renaissance wurden sie gesamteuropäisch genutzt und verbreitet („Rezeption") und führten zu einer breiten Basis gemeinsamen europäischen Rechts. In Geltung blieb das sogenannte gemeine Recht (ius commune) in Deutschland teilweise bis zum Inkrafttreten des BGB im Jahr 1900. Die einzelnen Digestenstellen sind Schriften römischer Rechtsgelehrter aus klassischer Zeit, vor allem des 2. und 3. nachchristlichen Jahrhunderts, entnommen, manchmal mit späterer redaktioneller Bearbeitung („Interpolationen"). Inhaltlich sind sie noch älter, aus langer Tradition juristischer Arbeit stammend.[2]

Modestinus[3] sagt allgemein über Gesetze:

---

[1] Digesten von (lat.) digesta = Geordnetes bzw. Pandekten von (griech.) πανδεκται = Allumfassendes.

[2] Ausführlich zum Vorstehenden *Hähnchen*, Rechtsgeschichte, 6. Aufl. 2021, Rn. 160 ff., 216 ff., 376 ff., 480 ff., 738.

[3] *Herennius Modestinus* wird als Spätklassiker bezeichnet, d.h. er lebte am Ende der klassischen (= besonders vorbildlichen) Zeit. Schüler Ulpians [zu ihm Fn. 6], um 250 n. Chr. tätig. Zahlreiche Schriften. Grundlegend zu den Juristen *Wolfgang Kunkel*, Die römischen Juristen – Herkunft und soziale Stellung, Nachdruck 2001 mit Vorwort von *Liebs*.

Legis virtus haec est: imperare, vetare, permittere, punire. (Dig. 1, 3, 7)

= Des Gesetzes Können dieses ist: gebieten, verbieten, erlauben, bestrafen.

Gesetze hat man zu lesen (lex steht nicht weit von legere = lesen, näher wohl an legare = vermachen), wird aber oft nicht finden, was man sucht. Es genügt dem Gesetz zu enthalten, was häufig vorkommt (= ea quae plerumque accidunt, Dig. 1, 3, 10), also die Regel. *Julianus*[4]:

Non possunt omnes articuli singulatim aut legibus, aut senatus consultis comprehendi; sed cum in aliqua causa sententia eorum manifesta est, is, qui iurisdictioni praeest, ad similia procedere atque ita ius dicere debet. (Dig. 1, 3, 12)

= Es können nicht alle Einzelfälle gesondert durch Gesetze oder durch Senatsbeschlüsse erfasst werden; aber wenn im konkreten Fall deren Sinn offenbar ist, muss derjenige, der zu richten hat, zum ähnlichen (Sinn) vorwärtsschreiten und so Recht sprechen. Also aus dem Sinn (= sententia) darf man ähnliche Regeln (= similia) durch **Analogie** erschließen.

Was Analogie bringt, erklärt *Julian* so:

… quod proximum et consequens ei est (Dig. 1, 3, 32 pr.)

= was diesem benachbart ist, daraus hervorgeht. Darf man sich mit solcher Methode vom **Wortlaut** entfernen? Betont dafür *Celsus*[5], § 133 BGB vorwegnehmend und in gleicher Inspiration:

---

4 *Salvius Julianus* soll zusammen mit *Celsus* (sogleich!) den Gipfel der Hochklassik gebildet haben. War 150-61 n. Chr. kaiserlicher Statthalter in Köln, der Hauptstadt Niedergermaniens. Stattliche, oft zitierte Werke. Gerühmt wird seine Objektivität, die ihn auch Kollegen aus der gegnerischen Rechtsschule gerecht würdigen ließ.

5 *Juventius Celsus* (fil.), Konsul 129 n. Chr., Mitglied im consilium (=Rat) des Kaisers *Hadrian*, wird *Julian* (Fn. 4) als gleichrangig an

Scire leges non hoc est: verba earum tenere, sed vim ac potestatem. (Dig. 1, 3, 17)

= Gesetze zu kennen bedeutet nicht, deren Wortlaut festzuhalten, sondern deren Kraft und Macht (= Sinn?). So meint auch *Ulpian*[6] beinahe leichtsinnig, jedenfalls unpositivistisch

… quotiens lege aliquid unum vel alterum introductum est, bona occasio est, cetera, quae tendunt ad eandem utilitatem, vel interpretatione, vel certe iurisdictione suppleri. (Dig. 1, 3, 13)

= Sobald durch Gesetz irgendwas so oder so eingeführt ist, besteht gute Gelegenheit, übrige Normen, die zum gleichen Zweck tendieren, durch Interpretation oder natürlich Rechtsprechung zu ergänzen. Mit **Zweck** (= utilitas) kommt aber ein besonders fragwürdiger Begriff ins Auslegungsgeschäft. Wie verhält er sich zum Wortlaut? *Paulus*[7] sagt (zur Testamentsauslegung):

Cum in verbis nulla ambiguitas est, non debet admitti voluntatis quaestio. (Dig. 32, 25, 1)

---

die Seite gestellt. Bekannt wegen seiner Grobheit gegenüber Rechtssuchenden und Kollegen, aber auch wegen Genauigkeit.

6 *Domitius Ulpianus*, unter Kaiser *Alexander Severus* Gardepräfekt (222 n. Chr.). Bei Umruhen von der Prätorianergarde ermordet. War extrem produktiv. Von ihm sind die meisten Fragmente in die Digesten eingegangen, nach der Zählung von *Roby*, Introduction to the Study of Justinian's Digest, 1886, sind es 2.464; danach folgen *Paulus* (Fn. 7) mit 2.081, weit abgeschlagen die wohl brillianteren, aber eben nicht so viel schreibenden *Papinian* mit 601 und *Julian* (Fn. 4) mit 456 Fragmenten.

7 *Julius Paulus*, ebenfalls Gardepräfekt, s. schon Fn. 6. Die sog. Paulus-Sentenzen, von Schülern herausgegeben, erreichten hohe Wirkung, wurden später in die Rechte der Westgoten und Burgunder übernommen.

= Wenn der Wortlaut eindeutig ist, wird die Frage nach dem Willen (Sinn) nicht zugelassen. Aber einen absurden Sinn hält kein Wortlaut aus. Man wird das Eindeutige so lange drehen und wenden, bis es zweideutig wird. Und was geschieht bei **Zwei-Deutigkeit**? *Celsus:*

> In ambigua voce legis ea potius accipienda est significatio, quae vitio caret, praesertim cum etiam voluntas legis ex hoc colligi possit. (Dig. 1, 3, 19)

= Bei zweideutiger Stimme des Gesetzes ist eher die Bedeutung zu akzeptieren, die sich vom Fehler freihält – besonders wenn daraus der Wille des Gesetzes entnommen werden kann. Hier würde man gern von *Celsus* hören, wie er Fehler (= vitium) versteht. Neu ist im letzten Fragment die Formel vom **Willen des Gesetzes** (= voluntas legis). Wie nähert man sich demselben? Wieder *Celsus*:

> Incivile est, nisi tota lege perspecta, una aliqua particula eius proposita iudicare vel respondere. (Dig. 1, 3, 24)

= Unangemessen (wörtlich: unzivilisiert) ist es, bevor man das ganze Gesetz durchschaut, aus einer einzigen Bestimmung Entscheidungen zu fällen oder vorzuschlagen. Also ein Hinweis auf den **Kontext**, den Zusammenhang aller gesetzlichen Vorschriften, vielleicht schon auf das System des Gesetzes. *Paulus* betont demgegenüber die Tradition, die überkommene Übung:

> Si de interpretatione legis quaeratur, in primis inspiciendum est, quo iure civitas retro in eiusmodi casibus usa fuisset; optima enim est legum interpres consuetudo. (Dig. 1, 3, 37)

= Wenn nach Auslegung des Gesetzes gefragt wird, ist zuerst zu untersuchen, welches Recht der Staat früher in gleichartigen Fällen in Gebrauch gehabt hatte, denn beste Dolmetscherin der Gesetze ist die Gewohnheit. Eine Maxime, beherrschend die **Praxis** römischer Juristen. Nicht nur deren Praxis. Auch wir fragen, bevor wir entscheiden, wie entschieden worden ist. Vielleicht zu sehr? Wir finden eine Bemerkung von *Julianus*, die sehr fortschrittlich klingt:

> Non omnium, quae a maioribus constituta sunt, ratio reddi potest. (Dig. 1, 3, 20)

= Nicht allem, was von Älteren geschaffen ist, kann Vernunft entnommen werden. Also: Man darf kritisch sein gegenüber der Vergangenheit, den Versuch machen, über sie hinauszukommen. Noch schärfer sieht *Julian* an anderer Stelle, dass rechtliche Regelungen sogar vernunftwidrig sein können:

> In his, quae contra rationem iuris constituta sunt, non possumus sequi regulam iuris. (Dig. 1, 3, 15)

= Daraus, was entgegen der Rechtsvernunft erlassen ist, dürfen wir keine Rechtsregel ableiten. Wir folgten *Julian* gern, wüssten wir nur genau, was **ratio** ist. Sich auf Rationalität zu berufen, ist über Jahrhunderte hinweg eine Verlegenheitslösung, auch heute noch.

Die spätere Bearbeitung der klassischen Texte schuf folgende griffige Formel:

> cessante ratione legis, cessat lex ipsa.

= Wenn der Zweck des Gesetzes wegfällt, fällt das Gesetz selbst weg. Es hat jedenfalls eine lange juristische Tradition, nach der ratio legis zu fragen.

Gegenüber der **Subsumtion** wahrten die Römer der klassischen Zeit tiefe Skepsis, am besten formuliert durch *Paulus* Dig. 50, 17, 1:

> non ex regula ius sumatur, sed ex iure, quod est, regula fiat.

= Nicht aus einem abstrakten Satz wird das Recht erschlossen, sondern aus dem vorhandenen Recht bilde man die Regel! Hier zeigt sich ein sehr hohes juristisches Selbstbewusstsein, einen Zugang zum „ius quod est“ zu behaupten.

Zuletzt, auch von *Paulus*:

In omnibus quidem, maxime tamen in iure, aequitas spectanda sit. (Dig. 50, 17, 90

= Überall, besonders aber im Recht, ist **Billigkeit** zu wahren, was uns bekannt vorkommt, weil ja auch § 157 BGB „Treu und Glauben“ als Auslegungsmittel (!) einsetzen will.

Die beiden letzten Zitate stammen übrigens aus Buch 50, Titel 17 der Digesten,

De diversis regulis iuris antiqui

= Über verschiedene Regeln des alten Rechts. Sie bilden den Abschluss der großen Sammlung. Die Regeln sind leicht eingängig und von ungebrochener Aktualität: ein Geheimtipp!

Die Fortsetzung zu den hier aufgeworfenen Fragen findet sich in der Literatur zur Methodenlehre.[8] Der Klassiker ist *Friedrich Carl von Savigny*. Seine Leistung war es, in seinem 8-bändigen Werk „System des Römischen Rechts“, Band 1, 1840, die immer noch maßgebliche Ordnung der Auslegungskriterien zu schaffen. Vereinfacht:

1. Wortlaut (grammatikalische Auslegung)
2. Kontext (systematische Auslegung)
3. Entstehung (historische Auslegung)
4. Zweck (teleologische Auslegung).

Seit einigen Jahren ist die

5. richtlinienkonforme Auslegung

[8] Ausführlich und mwN, auch zum Folgenden *Adomeit/Hähnchen*, Rechtstheorie mit Juristischer Methodenlehre, 7. Aufl. 2018, Teil II.

hinzugekommen, die man auch innerhalb der systematischen Auslegung verorten kann. Weil die Mitgliedstaaten der Europäischen Union sich zu seiner Anerkennung und Durchsetzung vertraglich verpflichtet haben, ist das Europarecht grundsätzlich höherrangig gegenüber dem nationalen Recht. Bei mehreren möglichen Auslegungen des deutschen Rechts ist daher diejenige zu bevorzugen, die mit der maßgeblichen Richtlinie konform geht.

Und nach dem Stand der richterlichen Praxis, hat man diese Reihung um

6. Rechtskritik und Rechtsfortbildung

zu erweitern, für den Richter im Arbeitsrecht ausdrücklich durch § 45 Abs. 4 ArbGG anerkannt, für den BGH in § 132 Abs. 4 GVG. Der Richter wird dadurch in eine neutestamentarische Rolle gedrängt: „… es steht geschrieben …, ich aber sage Euch …“, die auf Dauer ihn wie die Rechtssuchenden überfordert.[9]

---

[9] Kritische Anmerkungen von *Adomeit*, in FS Schaub, S. 1 ff.; *Rüthers/Fischer/Birk*, Rechtstheorie mit Juristischer Methodenlehre, 12. Aufl. 2022, § 24: „Richterliche Gesetzesabweichungen“.

V. Rechtsregeln und ihre Entwicklung – ein Beispiel

Caveat emptor oder Käuferschutz um jeden Preis?*

Habens gekauft, es freut sie baß.
Eh mans denkt, so betrübt sie das.[1]

Johann Wolfgang v. Goethe (um 1810)

Der Jubilar *Detlef Liebs* schreibt in seinem wunderbaren, viel gelobten Buch „Lateinische Rechtsregeln und Rechtssprichwörter" zu *caveat emptor*: „Der Käufer sei auf der Hut. Wenn nichts Besonderes vereinbart ist und auch sonst keine besonderen Umstände wie Arglist des Verkäufers eingreifen, hat der Käufer wegen Mängel der Kaufsache keine Ansprüche gegen den Verkäufer. Gilt im englischen Common law, heute weithin durchlöchert."[2] Es folgen Nachweise.

In vielen frühen, wenig ausdifferenzierten Rechtsordnungen gilt die Regel, dass der Käufer (*emptor*) einer Sache diese mit all ihren Fehlern erhält und deshalb grundsätzlich keine Rechte geltend machen kann. Daher muss er sich vorsehen (*cavere*), sie also vorher am besten untersuchen. „*Emptor debet esse curiosus*" – oder wie es deutsche Rechtssprichwörter ausdrü-

---

* Dieser Beitrag von *Adomeit/Hähnchen* wurde zuerst veröffentlicht in: *Muscheler* (Hrsg.) FS Liebs (2011) S. 1–9. Die im Text genannten Paragraphen des BGB wurden – soweit sinnvoll und möglich – auf den Stand 1.1.2022 aktualisiert.

1 Sprichwörtlich nach der Insel-Ausgabe „Gesammelte Gedichte".

2 *Liebs*, Lateinische Rechtsregeln und Rechtssprichwörter, 6. Aufl. 1998, S. 43 f. Nr. 14.

cken: „Augen auf, Kauf ist Kauf“[3], denn: „Wer die Augen nicht auftut, der tue den Beutel auf“ – waren dereinst prägnante Formeln. Der Hinweis von *Liebs* auf § 442 BGB[4] ist allerdings seit der Schuldrechtsmodernisierung leider nicht mehr aktuell. Betrachtet man die heutigen deutschen Rechtsbehelfe des Käufers, insbesondere im Fernabsatz, so kann dieser vollkommen sorglos sein. Im Folgenden soll es um den Ursprung der Regelungen im römischen Recht und die heutige Situation im deutschen Recht gehen, wobei die zwingende Ausgestaltung dieser Regeln kritisiert und nach dem Grund des historisch betrachtet immer stärker zunehmenden Käuferschutzes gefragt wird.

1. Abschnitt

Caveat emptor wird heute gerade im Zusammenhang mit dem modernen Verbraucherschutz manchmal pauschal als Grundsatz des römischen Rechts behauptet.[5] Dabei wird jedoch übersehen, dass sich das römische Recht über einen langen Zeitraum entwickelt und verändert hat. Es ist bereits sehr zweifelhaft, ob diese Rechtsregel noch für das klassische römische Recht des ersten bis dritten Jahrhunderts nach Christus stimmt.[6]

---

3 Zu dieser Regel und ihren Ausnahmen im Augsburger Stadtrecht vgl. *Mayer*, Der Kauf nach dem Augsburger Stadtrecht von 1276 im Vergleich zum gemeinen römischen Recht (2009) S. 130 ff.

4 Zu *emptor debet curiosus esse*, *Liebs*, a.a.O., S. 72, Nr. 22.

5 So *Derleder*, Warenwunschwelten und Verbraucherfrustrationsrechte, in: NJW 2008, 1643 ff. (1643) – der sodann den „Frust“ heutiger Käufer darüber beschreibt, dass „die Waren in der banalen eigenen Lebenswelt an Glanz verlieren“ – wenn man auf das Goethe-Zitat schaut, auch nicht ganz neu. Ahistorisch in Bezug auf *caveat emptor* auch *Wagner*, Zwingendes Privatrecht, in: ZEuP (Zeitschrift für Europäisches Privatrecht) 2010, S. 243 ff. (274).

6 Vgl. zum Folgenden *Kaser/Knütel*, Römisches Privatrecht (19. Aufl. 2008) § 41, VI.; auch rechtsvergleichend *Zimmermann*, The Law of Obligations. Roman Foundations of the Civilian Tradition (1990/92) S. 305 ff. (307 f.).

Typisch für die ursprüngliche Regel ist zum einen die damals häufigere Identität von Verkäufer und Produzent, zum anderen das Umfeld des Kaufes. Die Parteien befanden sich auf einem Markt, d.h. der Käufer konnte (und musste) die Ware in Augenschein nehmen und der Preis war Verhandlungssache. Bald hatten sich aber verschiedene Rechtsbehelfe zugunsten des Käufers parallel nebeneinander entwickelt.

Im altrömischen Recht gab es eine Sachmängelgewährleistung nur ausnahmsweise: Wenn nämlich ausdrücklich durch die Parteien vorgesorgt wurde. Das konnte generell durch ein Garantieversprechen (*stipulatio*) geschehen oder speziell beim Grundstückskauf, wenn bei der Übereignung durch *mancipatio* die Grundstücksgröße vom Verkäufer erklärt wurde (*lex mancipio dicta*) und sich später herausstellte, dass diese nicht zutraf.

Die noch vom ursprünglichen BGB vorgesehenen Rechtsbehelfe der Wandlung (*actio redhibitoria*) und Minderung (*actio quanti minoris*) wurden wie wir wissen seit dem 2. oder sogar schon im 3. Jahrhundert v. Chr. in der Marktgerichtsbarkeit der kurulischen Ädilen entwickelt, also als Sonderrecht für Käufe von besonders wertvollen Gütern, nämlich Sklaven und Zugtieren. Bei Käufen anderer Waren galt hingegen weiterhin – wie ja letztlich noch auf heutigen Wochenmärkten *de facto* – „Augen auf".

Von den Ädilen wurde die Haftung des Verkäufers auf eine ausdrückliche oder stillschweigende Garantie gestützt und war deshalb verschuldensunabhängig. Der Verkäufer war verpflichtet, bestimmte im Markt-Edikt aufgeführte Mängel, wie Krankheiten und Charakterfehler, anzuzeigen. Wenn sich dennoch später ein solcher Mangel zeigte, konnte der Käufer vom Verkäufer die Rückerstattung des Kaufpreises (binnen 6 Monaten) oder dessen Minderung (binnen eines Jahres) verlangen.[7]

Den Hintergrund des Ädilenedikts verortet man wohl zutreffend mindestens auch im geringen Ansehen von (betrügeri-

---

[7] Ulpian (1 ad ed. cur.) Dig. 21, 1, 19, 6.

schen) Sklavenhändlern, vergleichbar den Viehhändlern der deutschen Rechtsgeschichte, die man Rosstäuscher genannt hat[8] oder den Gebrauchtwagenhändlern heute, also letztlich in einer sehr speziellen Materie.

„Modern gesprochen dient das Edikt dem Verbraucherschutz."[9] Eine logische Parallele zum modernen Verbraucherschutz besteht auch hinsichtlich der Entstehung der Regelungen: Ursprünglich griff die mit Polizeigewalt ausgestattete Marktaufsicht ein – übrigens nicht nur in Rom[10] –, heute der Gesetzgeber mit in der Regel (ebenfalls) zwingendem Recht.

Stellte die Marktgerichtsbarkeit – wie der heutige Verbraucherschutz – zunächst „nur" Sonderrecht dar, so sickerte das einmal Entwickelte auch in das allgemeine *ius civile* ein. Hier gab es dann die Haftung des Verkäufers für alle Sachmängel, nicht nur für Sklaven und Vieh[11], klagbar mit der *actio empti*,

---

8 *Honsell*, Von den aedilizischen Rechtsbehelfen zum modernen Sachmängelrecht, in: Nörr/Simon (Hrsg.) Gedächtnisschrift für W. Kunkel (1984) S. 57 mit Hinweis auf die etymologisch gleiche Wurzel von „täuschen" und „tauschen", vgl. *Wacke*, *Circumscribere*, gerechter Preis und die Arten der List (*dolus bonus* und *dolus malus*, *dolus causam dans* und *dolus incidens*), unter Berücksichtigung der §§ 123, 138 BGB, in: ZRG RA 94 (1977) S. 184 ff (S. 202 mit Fn. 78).

9 *Kaser/Knütel* (Fn. 6) § 41, Rn. 42.

10 Zur Regulierung frühneuzeitlicher Märkte, vor allem hinsichtlich der qualitativen Anforderungen an zu handelnde Waren, aber auch bezüglich der starken Preisbindung, vgl. *Schmelzeisen*, Polizeiordnungen und Privatrecht (1955) S. 391 ff.; zur Mängelhaftung beim Viehkauf, S. 449. Bemerkenswert die Formulierung auf S. 428 „Vorschriften …, die den Verbraucher (!) gegen Irreführung schützen sollen".

11 A.A. noch *Honsell* (Fn. 8) S. 53, S. 61. Die Verallgemeinerung des Edikts der Ädilen auf alle beweglichen und unbeweglichen Sachen in Dig. 21, 1, 1 pr. stammt zwar möglicherweise tatsächlich erst von Justinian. Sie könnte aber auch schon früher in der Beamtenkognition geschehen sein. Aber jedenfalls der Anwendungsbereich der

zunächst nur für arglistiges Verschweigen, später in voller Angleichung an die ädilizischen Klagen.[12]

Das klassische römische Recht ließ den Käufer also keinesfalls schutzlos. Über den genauen Inhalt der Begriffe „*cavere*" und „*praedicere*" in diesem Zusammenhang streitet man sich bis heute.[13] *Caveat emptor* kann jedoch schwerlich als eine Regel dieser Zeit oder des gemeinen Rechts betrachtet werden. Tatsächlich entstand sie in Opposition zum römischen Recht seit dem 16. Jahrhundert in England, als man Aufklärungspflichten ablehnend gegenüberstand und meinte, der Käufer solle sich – ebenso wie der Verkäufer[14] – selbst über den Wert der Sache informieren und sich bzw. seine Interessen durch Garantieversprechen absichern.[15] „*It is the fault of the buyer*

---

klassischen, nicht nur für Marktkäufe geltenden allgemeinen Kaufklage (*actio empti*) ging schon früher auch hinsichtlich der Sachmängelgewährleistung über Sklaven- und Viehkäufe hinaus. Vgl. etwa Ulpian-Julian (32 ed.) Dig. 19, 1, 13 pr., wo ein mangelhafter Balken verkauft wurde oder bei Marcian (4 reg.) Dig. 18, 1, 45 ein seinerzeit offenbar viel diskutierter Fall: gebrauchte Kleidung wurde als neu verkauft.

12 *Kaser/Knütel* (Fn. 6) § 41, Rn. 45 f.; *Zimmermann* (Fn. 6) S. 321.

13 Ausführlich gegen die bisher h.M., welche Identität annahm (Stipulationszwang im Sonderrecht der Ädilen), *Jakab*, Praedicere und cavere beim Marktkauf (1997); zustimmend *Ernst*, Neues zur Sachmängelhaftung aufgrund des Ädilenedikts, in ZRG RA 116 (1999) S. 208; kritisch differenzierend dazu *Kupisch*, Römische Sachmängelhaftung: Ein Beispiel für die ökonomische Analyse des Rechts? in: TR 70 (2002) S. 21 ff.; dagegen zuletzt *Jakab*, Cavere und Haftung für Sachmängel. 10 Gründe gegen Berthold Kupisch, in: Jakab/Ernst (Hrsg.) Kaufen nach römischem Recht. Antikes Erbe in den europäischen Kaufrechtsordnungen (2008) S. 123 ff.

14 Dazu mit vielen Beispielen *Fleischer*, Informationsasymmetrie im Vertragsrecht (2001) S. 823 ff.

15 Genauer zur Entwicklung in England *Fleischer* (Fn. 14) S. 66 f.; 821 ff. mwN.

that he did not insist on a warranty".[16] Die für den Käufer ungünstige Regel *„caveat emptor"* war dann seit dem späten 18. Jahrhundert vorherrschend, wurde jedoch für den Kauf beweglicher Sachen seit Ende des 19. Jahrhunderts gemildert und ist heute durch Gesetzes- und Richterrecht auf schmale Restbestände geschrumpft, nicht mehr nur „durchlöchert", wie *Liebs* früher schrieb; für Grundstückkäufe gilt sie allerdings ungebrochen.[17]

2. Abschnitt

Es ist wohl so, dass das römische Zivilrecht seine Leistung für das Kaufgeschäft damit erbracht hatte, eine *causa* für den Eigentumsübergang an der Kaufsache zu liefern. Dieser Haupteffekt prägt noch heute europäische Rechtsordnungen (*Code civil, Código civil*) und findet sein Gegenstück in der Ungerechtfertigten Bereicherung. Man weiß, wie fundamental der *dominus*-Begriff, vom bloßen Besitz genau unterschieden, für die römische Rechtsordnung war, übrigens in der vor kurzem noch aktuellen marxistischen Interpretation, zur Aufrechterhaltung eines „Sklavenhalterstaates". Man muss sich bei romanistischen Studien daran gewöhnen, ungeschockt von verkauften Menschen und deren möglicher Behaftung mit Sachmängeln zu hören. Streitigkeiten über Sachmängel konnte man dann beinahe schon analog *„casum sentit dominus"* scheitern lassen.

Es waren die Ädilen als Inhaber der Marktpolizei, denen Streitigkeiten und Konflikte mit frustrierten Käufern so auf die Nerven gingen, dass Regeln zu schaffen waren,[18] im Kern ei-

---

[16] *Parkinson v. Lee*, 2 East 314, 102 Eng. Rep. 389 (1802). Die älteste Entscheidung in diesem Sinne war *Chandelor v. Lopus*, Cro. Jac. 4, 79 (1603): *„If there is no warranty, an action on the case does not lie, even though he is deceived: for caveat emptor."*

[17] *Fleischer* (Fn. 14) S. 469, 823, 827.

[18] So *Franz Wieacker*, der Lehrer von *Liebs*, in einer Vorlesung, an die sich der damalige Student *Adomeit* erinnert.

gentlich öffentlich-rechtlicher Art. Diese zögernde Behandlung der Haftung für Sachmängel blieb bis in das gemeine Recht hinein bestehen und das BGB fand die wahrlich unpraktische Lösung, einen *neuen* Vertrag unter den Parteien über die Durchführung von Wandlung und Minderung zu verlangen. Nach orthodoxer Lehre musste der enttäuschte Käufer auf Zustimmung des Verkäufers auf Einigung klagen, was rechtspolitisch keinen Bestand haben konnte.

Es war wohl an erster Stelle Folge der technischen Entwicklung, eine neue Sichtweise zu erzwingen. Produktion und Handel fielen auseinander, gegenüber Produktionsfehlern war der Verkäufer genauso hilflos wie der Käufer. Konsequenz war die richterliche Neuschöpfung von Produzentenhaftung, alsbald über die EG-Richtlinie von 1985 das Produkt-(besser Produzenten-)haftungsgesetz, unter Verzicht auf das deliktsrechtliche Verschuldensprinzip.

Überhaupt war es jetzt der Käufer, um den es den rechtspolitischen Bestrebungen zu tun war, unter der ungenauen und unschönen Bezeichnung „Verbraucher".[19] Der Ausgang dieser neuen Tendenz lag unerwarteterweise in den USA, mit dem Verbraucheranwalt *Ralf Nader*, mit der Kongress-Botschaft des Präsidenten *Kennedy* (1962) über *Consumer's Protection.*[20] Es

---

[19] Noch weniger gelungen ist die „latinisierte" Fassung des Verbrauchers, *Adomeit*, Niemals: „in dubio pro consumatore", Glosse in: JZ 2006, 557: allenfalls kann der Verbraucher ein *consumptor*, jedoch kein *consumator* sein. Inhaltlich gegen den behaupteten Auslegungsgrundsatz *Riesenhuber*, Kein Zweifel für den Verbraucher, in: JZ 2005, S. 829 ff.

[20] Genauer dazu *Adomeit*, Der Schutz des Schwächeren – arbeitsrechtliche Erfahrungen und zivilrechtliche Entwicklungen, in: Dauner-Lieb u.a. (Hrsg.) FS Konzen (2006) S. 1 ff. (3); ähnlich, wenn auch verkürzt *Schmoeckel* in HKK Band II/2 (2007) vor §§ 312 ff., Rn. 92. Eine andere Linie, seit dem Abzahlungsgesetz von 1894, zieht *Medicus*, Wer ist ein Verbraucher?, in: Leser/Tamotsu (Hrsg.) FS Kitagawa (1992) S. 471 ff. (473 ff.), der aber auch schon im Anschluss an *H. P. Westermann* zu Recht die Vermengung von perso-

wurde der „Schutz des Schwächeren", in Deutschland bisher nur im Arbeitsrecht und im Recht der Wohnungsmiete bestimmend, allgemein jedem Privatkunden gegenüber jedem gewerblichen Anbieter gewährt. Geistesgeschichtlich setze sich hier *Bentham* durch, der sehr demokratisch die Staatstätigkeit auf „das größte Glück der größten Zahl"[21] verpflichtet hatte und den *Goethe* weitsichtig einen radikalen alten Narren nannte.[22] Über den jetzt beherrschenden Termini „Verbraucher" und „Unternehmer" (vgl. aber anders zu verstehen in § 631 BGB) schwebt das Donnerwort des großen *Flume* „barer Unsinn".[23]

Die Verbrauchsgüterkaufrichtlinie[24] stammt von 1999, unsere Schuldrechtsreform 2001/02 nahm dies zum Anlass für eine

---

nalen und situationsbezogenen Elementen kritisierte (a.a.O., S. 481 ff.).

21 *Bentham*, A Fragment on Government (1776) preface: „It is the greatest happiness of the greatest number that is the measure of right and wrong".

22 *Goethe* bezeichnete *Bentham* als „höchst radikalen Narren" und bemerkte: „In seinem Alter so radikal zu sein, ist der Gipfel aller Tollheit.", zitiert nach *Eckermann*, Gespräche mit Goethe in den letzten Jahren seines Lebens, in: Johann Wolfgang Goethe. Sämtliche Werke. Briefe, Tagebücher und Gespräche, hrsg. von Chr. Michel, Bd. 12 (1999) S. 715.

23 *Flume*, Vom Beruf unserer Zeit für Gesetzgebung, in: ZIP (Zeitschrift für Wirtschaftsrecht) 2000, S. 1427 ff. (1428), u.a. mit der Erinnerung an Iavolen Dig. 50, 17, 202 *omnis definitio in iure civili periculosa* (Jede Begriffsbestimmung im positiven Recht birgt Gefahren in sich.).

24 RL 199/44/EG des Europäischen Parlaments und des Rates vom 25. Mai 1999 zu bestimmten Aspekten des Verbrauchsgüterkaufes und der Garantien für Verbrauchsgüter, ABl. Nr. L 171 vom 7.7.1999, S. 12-16. In den Erwägungsgründen 8 und 9 der RL wird der Grundsatz der Vertragsfreiheit betont, dennoch sollen nach Erwägungsgrund 22 und vor allem Art. 7 der RL die Gewährleistungsrechte unabdingbar sein. Durch die nach Veröffentlichung dieses Beitrags erlassene RL 2011/83/EU des Europäischen Parlaments und des Rates vom 25. Oktober 2011, veröffentlicht im

grundlegende Umgestaltung des Kaufrechts.[25] Das Interesse des Käufers an der Lieferung einer mangelfreien Sache wurde beim Verkäufer zur Hauptpflicht, deren Verletzung dann – wie bei der Nichtlieferung oder der Zu-spät-Lieferung, dem Leistungsstörungsrecht zugeordnet werden konnte.

Hingenommen wurde eine große Einbuße an Rechtssicherheit: da der Begriff des Sachmangels höchst komplex ist (vgl. § 434 BGB), kann man bei auftretenden Zweifeln niemals sagen, ob der Vertrag erfüllt ist. Sicherheit gibt erst der ungenutzte Ablauf der Gewährleistungsfristen. Auch sind die „Rechte des Käufers bei Mängeln" (§ 437 BGB)[26] aus dem neuen Gesetzeswortlaut sogar für Rechtskundige schwer ermittelbar: die genannte Vorschrift enthält elf Verweisungen, zum Teil mit Weiterverweisungen; die logische Struktur (etwa bei der Kopula „und" nach Nr. 2) ist keineswegs stimmig.

Unter der Geltung des alten BGB haben sich Generationen von Studenten beklagt, „ädilizische Rechtsbehelfe" begreifen zu müssen – die heutige Rechtslage ist keineswegs eher transparent, wie die Zahl der dogmatischen Kontroversen und so vieler überraschender Entscheidungen zeigt.[27]

Es sind beim eigentlichen Verbrauchsgüterkauf, wo sich Privatkunde und gewerblicher Anbieter (*consumer/business*) gegenüberstehen, die Käuferrechte noch stärker hervorgehoben, und zwar als zwingendes Recht, § 476 BGB.

ABl. L 304/64 vom 22.11.2011, die Vollharmonisierung bezweckte und inzwischen in das deutsche Recht umgesetzt wurde (Gesetz zur Umsetzung der Verbraucherrechterichtlinie …), gab es keine inhaltlichen Änderungen hinsichtlich der Gewährleistung.

25 Einführender Überblick dazu *Westermann*, Das neue Kaufrecht, in: NJW 2002, S. 241 ff., zur Sachmangelhaftung S. 243 ff.

26 *Baldus*, Verbraucherschutz zwischen Vertrag und Nicht-Vertrag?, in: Kern (Hrsg.) FS Laufs (2006) S. 557 ff. (559): „Drehscheibennorm".

27 Die zum 1.1.2022 in Kraft getretenen Änderungen des Gewährleistungsrechts im BGB versuchen Abhilfe zu schaffen; ob mit Erfolg wird sich zeigen.

Zeigen sich bei bestehendem Vertrag Mängel, so kann jeder Käufer seit der Schuldrechtsmodernisierung Nacherfüllung verlangen (§ 439 BGB) sowie ggf. weitere, in § 437 BGB aufgeführte Rechte (Rücktritt, Minderung, Schadens- und Aufwendungsersatz) geltend machen. Beim Verbrauchsgüterkauf kann lediglich der Anspruch auf Schadensersatz ausgeschlossen oder beschränkt werden (§ 476 Abs. 3 BGB). Der Verkäufer kann sich hingegen nicht auf eine Vereinbarung berufen, die von anderen Rechten abweicht oder die Verjährung vor Mitteilung des Mangels abkürzt (§ 476 Abs. 1 S. 1 und Abs. 2 BGB). Aus der ursprünglich erforderlichen Vereinbarung der Gewährleistung (Garantieversprechen) ist also das krasse Gegenteil geworden.

Es ist auch die Beweislastumkehr nach § 477 BGB weder mit Prinzipien des Zivil- noch des Zivilprozessrechts vereinbar. Die Beweislast ist nur dann umzukehren, wenn nach der Lebenserfahrung eine bestimmte Konstellation von Tatsachen typischerweise wahrscheinlich ist (etwa beim Auffahrunfall: der Hintermann fuhr falsch), wovon hier keine Rede sein kann. Im Gegenteil ist mit der Übergabe die Sache in den Herrschaftsbereich des Käufers gelangt, in der langen Zeit von sechs Monaten kann viel durch unsachgemäße Behandlung verdorben sein. Indem nicht nur die Gewährleistungsfrist verlängert, sondern auch noch die Beweislast umgekehrt wurde, hat man an einer Stelle gleich doppelt in das Vertragsverhältnis zugunsten des Käufers eingegriffen.

Auch kommt dem auf Schutz des Schwächeren bedachten Gesetzgeber die Gefahr des Missbrauchs nicht in den Sinn, die bei jeder neuen Rechtsgewährung zu bedenken wäre. Es ist nicht geradezu ein *„vae venditoribus!"* Devise der heutigen Rechtslage, aber es hat schon ein Paradigmenwechsel stattgefunden, weniger Zivilrecht, eher Sozialrecht. Die Zahl der Verkäufer und der Reichtum ihrer Angebote werden deswegen nicht schrumpfen.

Wir kennen sogar noch viel weitergehenden Verbraucherschutz im Kaufrecht. Wird im Fernabsatz gekauft, hat der Käufer ein Reurecht, den Widerruf (heute §§ 312 g, 355 f. BGB), der zwar an eine Frist gebunden ist, aber sogar ohne Vorliegen von Sachmängeln die Lösung vom Vertrag bei bloßem Nichtgefallen ermöglicht. Dies ist sicherlich insoweit sinnvoll, als Anpreisungen in Katalogen und im Internet oftmals nicht mit der Realität der gelieferten Ware übereinstimmen.[28] Allerdings war es für Verkäufer in der Praxis schwierig, eine den hohen Anforderungen der Gerichte genügende Widerrufsbelehrung zu verfassen. Das wird jetzt durch die Formulare im Gesetz zur Umsetzung der Verbraucherrechterichtlinie hoffentlich besser. Darüber hinaus treffen den Verkäufer im Fernabsatz zahlreiche, kaum erfüllbare Anzeige- und Informationspflichten.[29]

3. Abschnitt

Wie für das römische Recht gezeigt, entwickelten sich käuferschützende Gewährleistungsregeln zuerst gerade auf dem Markt, wo die gleichzeitige Anwesenheit der Parteien noch gegeben war. Die Ursache der staatlichen Einmischung muss also woanders zu suchen sein. Oft wurden naturrechtliche Vorstellungen (*iustum pretium*, *laesio enormis*), die römische *bona fides* bzw. das Prinzip von Treu und Glauben angeführt[30], die jedoch auch in anderen Zusammenhängen kaum präzise Aussagekraft haben. Die diesbezüglichen Vorstellungen, was ange-

---

[28] In diesem Sinne der 14. Erwägungsgrund der Fernabsatzrichtlinie 97/7/EG vom 20.5.1997, ABl. 1997 L 144 S. 19.

[29] *Schmoeckel* in HKK Band II/2 (2007) vor §§ 312 ff., Rn. 80 ff. stellt diese unter die Überschrift „Caveat emptor? Entwicklung der Informationspflichten".

[30] *Zimmermann* (Fn. 6) S. 308; *Schmoeckel* in HKK Band II/2 (2007) vor §§ 312 ff., Rn. 83 ff. jeweils mwN. Detailliert zu Vorstellungen über Aufklärungspflichten und Vertragsgerechtigkeit bei den Spätscholastikern und in der modernen Naturrechtslehre *Fleischer* (Fn. 14) S. 39 ff., 47 ff. Jüngst zeitlich und räumlich breit vergleichend zu den generellen Schwierigkeiten *Armgardt*, Zur Dogmengeschichte der *laesio enormis* – eine historische und rechtsvergleichende Betrachtung, in: Riesenhuber/Karakostas (Hrsg.) Inhaltskontrolle im nationalen und Europäischen Privatrecht (2009) S. 3 ff.

messen oder gerecht ist, sind doch sehr verschieden und warum sollte es nicht sachgerecht und manchmal im Sinne eines herzustellenden oder zu bewahrenden Gleichgewichts sein, Verkäufer gegenüber Käufern zu schützen? Es befremdet doch, dass die abstrakte Entscheidung von außen gerechter sein soll, als die von den Parteien konkret vereinbarte Gewährleistung. Tatsächlich können die Parteien (nur) frei die Vertragsgemäßheit bestimmen, was mit Bezug auf die zugrundeliegende Verbrauchsgüterkaufrichtlinie bereits oft kritisiert wurde.[31]

Dass der „Verkäufer … näher daran (ist), dieses Risiko zu tragen“[32] ist eine mögliche Sichtweise, aber keine Begründung. Eine reine Feststellung ist es, dass die Entwicklung der Gewährleistungsregeln mit der allgemeinen Ausdifferenzierung der Kultur und des Handels einherging.

Die historische Entwicklung dieses Rechtsgebiets ist eine immer weitere Entfernung von der verbindlichen Parteivereinbarung hin zu einer immer stärkeren Einmischung des Staates. Materialisierungstendenzen sind hier nicht erst seit dem Inkrafttreten des BGB zu beobachten.[33] Auch wenn dieser Tendenz in jüngerer Zeit oft widersprochen wird[34] – für das Gewährleistungsrecht kann man sie jedenfalls nicht anders sehen.

---

[31] Vgl. etwa *Canaris*, Wandlungen des Schuldvertragsrechts, in: AcP 200 (2000) S. 273 ff. (362 ff.). Dagegen etwa *Riesenhuber*, Europäisches Vertragsrecht, 2. Aufl. 2006, § 26 Rn. 752 ff. (755): die Unabdingbarkeit sei grundsätzlich „weniger spektakulär“, kritischer aber bzgl. der Unabdingbarkeit der Fristen bei gebrauchten Gütern (Rn. 756).

[32] *Honsell* (Fn. 8) S. 55.

[33] Allgemein dazu *Wieacker*, Das Sozialmodell der klassischen Privatrechtsbücher und die Entwicklung der modernen Gesellschaft (1952) S. 18; *Canaris* (Fn. 31) passim.

[34] Zuletzt *Meder*, Opposition, Legislation, Wissenschaft: zum 100. Todestag von Gottfried Planck, in: JZ 2010, S. 474 ff. (470, 480) mwN: Das BGB habe die „sozialpolitische Aufgabe des Privatrechts nie geleugnet und Schwächere sehr wohl geschützt“.

Damit ist das grundsätzliche Problem – Privatautonomie oder Schwächerenschutz (und wer ist überhaupt der Schwächere: der Verkäufer oder die kaufende Rechtsanwältin?) – im Kern berührt, dass man nur nach seiner (rechtspolitischen) Haltung, nicht allgemeingültig lösen kann. Aber unabhängig davon, ob man eine eher liberale oder eher soziale Position vertritt – man sollte den Käufer jedenfalls nicht so weit schützen, dass es zu seinem Schaden ist. Selbst als informierter Verbraucher kann man heute nicht mehr zu Gunsten eines besseren Preises auf Gewährleistungsrechte verzichten.[35]

Dieser extreme Käuferschutz geht aber zu Lasten aller Käufer, da er vom Verkäufer auf den Preis umgelegt wird, d.h. auf alle Käufer verteilt wird. Er führt also zu einer Art Solidar- oder Versicherungssystem. Vielleicht gibt es keine bessere Erklärung für die Entwicklung, als dass sie dem allgemeinen Zeitgeist entspricht. Verbraucher werden als schwache, schutzbedürftige Wesen angesehen, wobei das Ganze entweder nicht ökonomisch zu Ende gedacht oder sogar bewusst die (nicht ganz neue) Vollkaskomentalität verstärkt wird. Über das Gewährleistungsrecht indirekt einen gerechten Preis (*iustum pretium*) erreichen zu wollen, erscheint jedenfalls wenig sinnvoll.

---

[35] *Canaris* (Fn. 31) S. 362; *Adomeit*, Das Günstigkeitsprinzip – jetzt auch beim Kaufvertrag, oder: der KfZ-Mechaniker von Canaris, in: JZ 2003, S. 1053 f. (1054); dazu und rechtsvergleichend mit Beispielen noch strikteren Verbraucherschutzes: *Karampatzos*, Haftungsfreizeichnungsklauseln im griechischen und deutschen Kaufrecht sowie im DCFR – Die Dichotomie zwischen Individual- und Verbrauchsgüterkauf, in: Riesenhuber/Karakostas (Hrsg.) Inhaltskontrolle im nationalen und Europäischen Privatrecht (2009) S. 173 ff. (184). Vgl. auch *Riesenhuber* (Fn. 31) § 26 Rn. 759, der bezogen auf den einzelnen Vertrag von einer Zwangsversicherung des Verbrauchers spricht.